OKUDAIRA BASE

自分を楽しむ衣食住

25歳、東京、一人暮らし。

月15万円で快適に暮らすアイデアとコツ

奥平眞司

誠文堂新光社

はじめまして。奥《おく》平《だいら》眞《まさ》司《し》です

「ＯＫＵＤＡＩＲＡ　ＢＡＳＥ」というユーチューブ・チャンネルで、日々の暮らしの様子を発信しています。この本を作っている今は25歳。もうすぐ26歳になります。

東京にある、築31年、家賃４万８千円の１ＤＫのアパートで一人暮らし。毎月15万円で家計をやりくりしながら、自分のペースで快適に暮らしています。

僕の趣味は「暮らし」。

料理やお菓子を作ったり、掃除や洗濯をしたり、ＤＩＹで部屋をカスタマイズしたり、植物の世話をしたり、友人や家族をもてなしたり、一人キャンプに出掛けたり。そんな何気ない暮らしを送ることが、楽しくて仕方ありません。暮らしの楽しさを伝えたい、たくさんの人と共有したいという思いから、２年前にユーチューブで動画の発信を始めました。

ときどき「ミニマリストですか？」とか、「丁寧な暮らしを心掛けているんですね」とか言われることがありますが、少し違います。なるべく物は持ちたくないと思っていますが、最小限の物で暮らしているわけではありません。キッチンツールや鍋や器は好きでたくさん持っていますし、撮影機材もそれなりにそろっています。

毎朝、だしをひいてみそ汁を作ったり、土鍋でごはんを炊いたり、ピザを生地から作ったり、コーヒーを豆から挽《ひ》いて淹《い》れたりしていますが、どれも楽しいからやっていることで、特別丁寧に暮らそうと意識しているわけでもありません。「楽しく、無理せず、頑張らない」が僕のモットー。暮らしを楽しくしてくれる物ならたくさんあっても大歓迎ですし、今日は疲れたなと思う日には料理も手を抜きます。

　暮らしを楽しむためには、お金も特別な才能や技術も必要ありません。必要なのは時間だと思います。でも、それってある意味、ありがたいことだと思うんです。時間はみんなに平等に与えられているからです。僕は、自分のペースで暮らしを楽しみたくて、今の働き方、生き方に辿り着きました。

　暮らしとは、料理や掃除、洗濯や整理整頓など「やらなきゃいけないこと」です。でもその「やらなきゃいけないこと」を「楽しくて仕方がないこと」に変えることができたら、毎日が、そして人生が楽しくなると思うのです。

　この本では、今の僕の暮らし方や時間の使い方、それらの背後にある考え方を中心に、これまで動画では紹介してこなかった、ユーチューバーとしての仕事、家族のこと、お金のこと、将来のことも紹介しています。

　この本が、それぞれの場所、それぞれの形で、暮らしを営む皆さんの役に立ち、暮らしをもっと楽しもうと思うきっかけになってくれたら、こんなに幸せなことはありません。

もくじ

昼の時間

夜の時間

OKUDAIRA BASE 間取り図

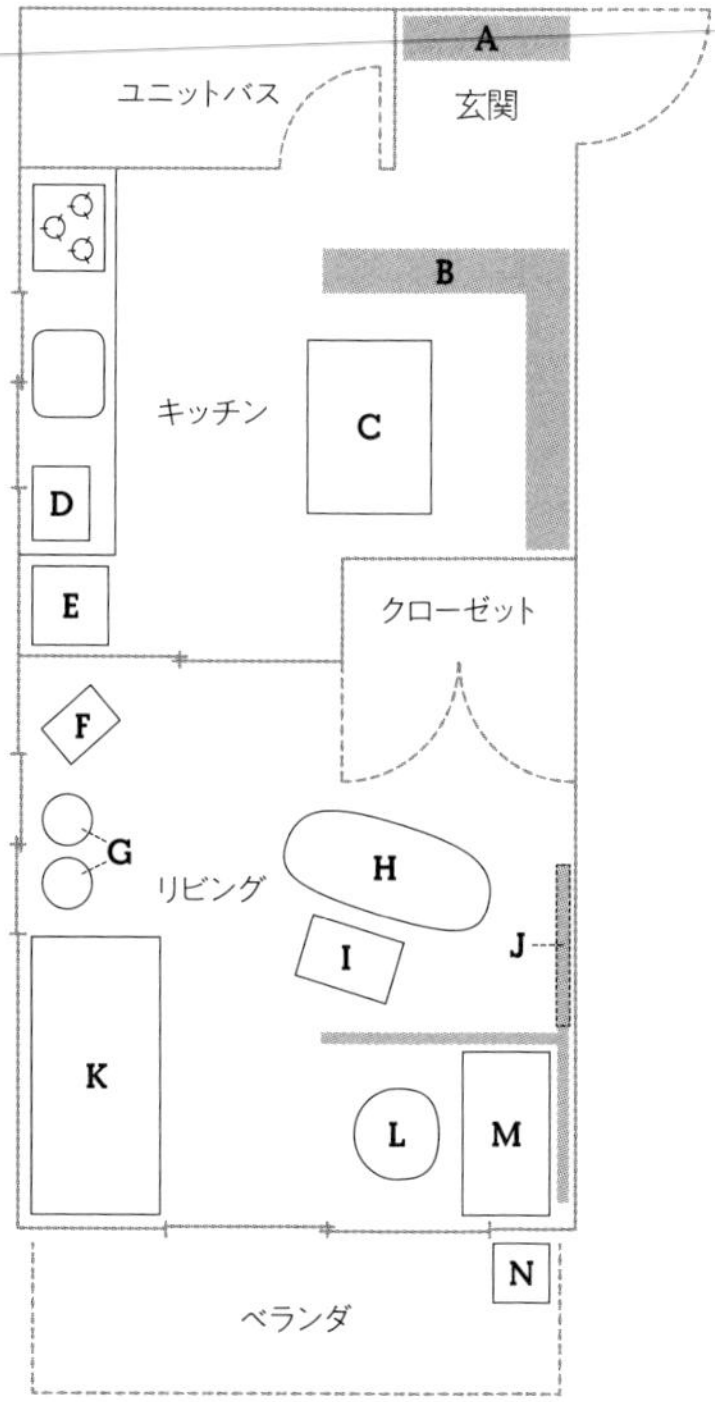

A シューズラック（DIY）
B キッチン（DIY）
C テーブル（DIY）
D オーブン
E 冷蔵庫
F ハンガーラック（DIY）
G 観葉植物
H ソファ
I 食卓（収納ボックス）
J 壁面収納スペース（DIY）
K ベッド
L ロッキングチェア
M 仕事机（DIY）
N 洗濯機

朝の時間

朝5時に始まるモーニングルーティン

目覚めてまず向かうのはキッチン

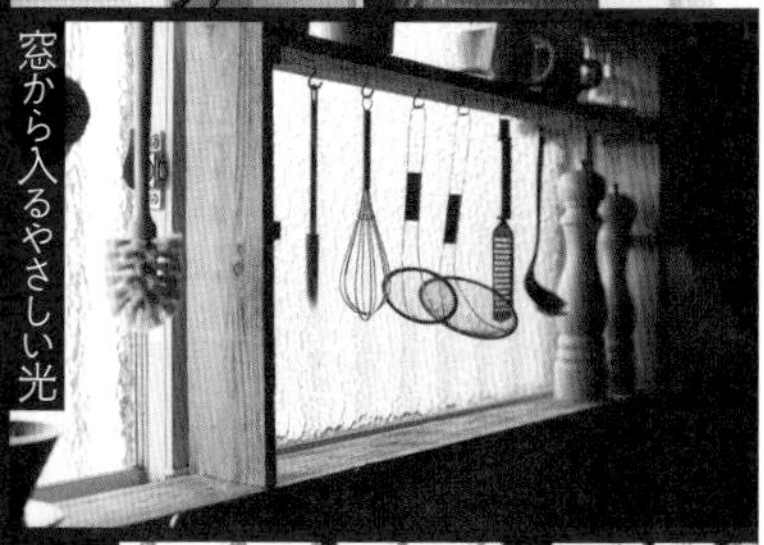

窓から入るやさしい光

愛用の道具たちも朝を迎えます

目覚めの、1杯

朝5時に起きて、冷たい水を1杯飲む。僕の1日はここから始まります。冷たい水を飲むと心も体もシャキッとするので、白湯《さゆ》よりも冷水派。目覚めの1杯は、夏でも冬でも浄水器を通した水と決めています。

水を飲んだらすぐに普段着に着替えます。家で仕事をすることが多いので、身支度を整えることでオンとオフを切り替えます。極力物を持たないようにしているので、部屋着は持っていません。

着替えが終わったら、朝食作りに取り掛かります。朝食作りはたっぷり1時間。気分によって、パンのときもごはんのときもあります。

食べ終わったら、直ちに後片

付け。汚れた皿やコップがあると気になってしまうのですぐに洗います。それからコーヒーかお茶を淹《い》れます。そして7時から仕事開始です。

僕は毎日このモーニングルーティンを守っています。ルーティンが崩れることはありません。プライベートも仕事も同じ空間で行っているので、朝のルーティンが崩れると、そのあとの予定がなし崩しになってしまうからです。

早起きの習慣は、大学3年のときに始めたサーフィンがきっかけです。当時は朝4時に起きて、5時から波乗りをし、そのあと大学に通っていました。早起きすると、同じ1日24時間でも何倍も有効に使える「お得感」があるので、今も早寝早起きを心掛けています。

気づいたら朝食に1時間半

ヨーグルトは
タネと牛乳で手作り

はちみつはたっぷりかけます

器を選ぶのも楽しい

自家製ジャムをぬって
いただきます！

キッチンの窓辺から差し込む朝の光を楽しみながら、ゆっくり料理をして静かに食べるひとときは、至福の時間です。

自家製ジャムをつけたトーストを1～2枚、野菜たっぷりのスープ、木製のボウルいっぱいのグリーンサラダ、週に一度低温調理器で作る自家製ヨーグルト、そして目玉焼き。これが我が家の朝食の定番メニューです。

朝食作りで心掛けているのは、効率の良さを求めたり、時短で作ったりしないこと。料理一つひとつの工程を楽しみながら、ゆっくり時間をかけて作ります。

幾種類もの野菜を冷たい水で洗ったり、ザクザクと切ったり、パンをガスコンロの上で網焼きしたり、きのこでだしをとった

僕の定番のパン朝食セットです

スープを作ったりしていると、あっという間に1時間が経過します。作った料理をテーブルに並べ、30分ほどかけて、じっくり味わいます。

朝食にわざわざ1時間半かけるというより、普通にやっているとそれだけの時間がかかってしまうのです。

僕が1日のうちで一番大切にしているのが、この朝食の時間。1日の始まりを好きなことから始められることは、幸せそのもので、何ものにも代えがたいことだと思います。毎日やっていることなのに、朝食作りはいつまで経っても飽きることがありません。

1日のスタートを気持ちよくきるためにも、朝食はしっかりとるようにしています。

ホームベーカリーで作ったパンを網でトースト

夜寝る前、明日の朝食は何にしようかと考える時間が好きです。パンにする場合は、夜のうちにホームベーカリーに材料をセットしておきます。

パンを焼くのは週に2回ほど。何度も焼いていて失敗することはないとわかっているのに、ふたを開けるときはいつもドキドキします。

食パンは丸十金網の「セラミック焼網」にのせ、ガスコンロで焼きます。両面合わせて2分半ほど。この網で焼くと、遠赤外線効果で外はカリッと中はふわっと仕上がって最高においしくなります。

パンを返すトングは木工作家・法嶋二郎さんのものを。持ちやすく、分解して隅々まで手入れできるところが気に入っています。氷用トングですが色々な使い方ができます。

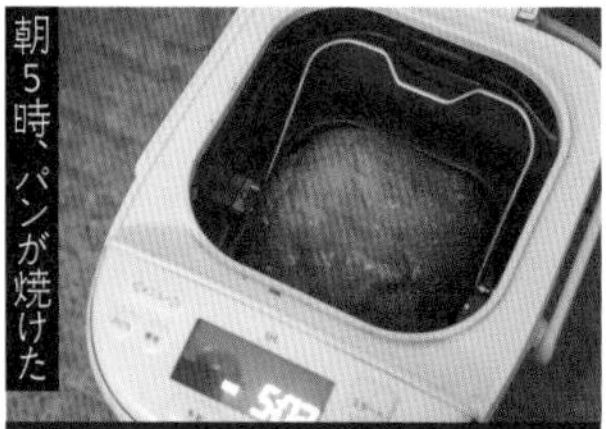

朝5時、パンが焼けた

食べない分は1枚ずつラップにくるんで冷凍庫へ

香ばしい焼け目がついた

パンの表面が崩れないようにそっと

目玉焼きは、自作の陶製フライパンで

熱したフライパンに
卵をパリンッ

かけて収納できるよう
持ち手の先に穴を開けました

朝食の定番メニューの一つがが目玉焼きです。僕の目玉焼き作りに欠かせないのが、陶製の黒いフライパン。1年前から通っている陶芸教室で作ったものです。

「陶器のフライパンってありかも」と挑戦してみたところ、思いのほかよいものができました。目玉焼きにソーセージと、毎日のように活躍しています。

黒マットの釉薬で落ち着いた仕上がりにしたので、そのままお皿として食卓に出しても違和感はありません。熱が伝わりにくいように、持ち手を長くしたところもポイントです。

サイズは目玉焼き2個分

買い物は個人商店か、野菜の無人販売所などで

食材の買い物は、個人商店や野菜の無人販売所、地元でとれたものを扱っている「地産マルシェ」を利用しています。

僕にとって日々の買い物は、ただの食材調達の手段ではなく、楽しい暮らしの一部。お店の人

最近新しくした冷蔵庫は野菜をそのまま入れられます

トマトのスープはきのこを入れて旨みづけ

パプリカで彩りを添えて

ラディッシュの切り口がきれい

と仲よくなって、普段は手に取らない食材を勧めてもらったり、おいしい食べ方や、保存方法を教えてもらったりすることが楽しいです。

　食材選びで大切にしているのは鮮度。特に野菜は「朝採れ」が手に入ると嬉しくなります。オーガニックにこだわるとか、安いものを求めて店をハシゴするということはありません。

　昔、お客さんとして通っていた青果店にスカウトされて、数か月間アルバイトをしていたこともあります。そのとき教わった野菜の保存方法は、今でも役に立っています。

　根菜類はポリ袋に入れたままだと汗をかいて劣化が早まるので、定期的に袋から出して水気を拭いてあげること。青菜類は、鮮度を保つために全体がすっぽ

汗を拭いてあげます

り入る大きめのポリ袋に入れ替えて口を閉じること。きのこを大量に買ったら、小分けにしてすぐ冷凍保存すること、などです。食材を大切に扱うことで料理が楽しくなります。

木のボウルに盛り付け

アクセントにごま油を少々

食後の片付けは自転車のメンテナンスと同じくらい楽しい

ボトル用のブラシを使って中まできれいに洗います

料理は好きだけど、片付けはちょっとという人は多いかもしれません。僕には食後の片付けも面倒ではなく、好きな自転車をメンテナンスしたり、かわいいペットを世話したりするのと同じくらいワクワクします。

フライパンは洗剤をつけずにヤシのブラシで優しく

蛇口周りは台拭きで拭き取ります

器やコップ、鍋、ボウル、洗浄用ブラシや布巾など、キッチンに置いてあるものは何度も吟味して選んだ大切な物ばかり。だから、それらを手に一つひとつ後片付けをしていく作業は、楽しくて仕方がありません。片付けが苦手という人にお勧めしたいのが、掃除道具にこだわること。

　僕が愛用している掃除道具はドイツ・レデッカー社の「ミルクボトルブラシ」と「ウォッシングブラシ」です。ミルクボトルブラシはブラシ部分が豚毛、ウォッシングブラシの方はヤシでできていて、どちらも毛がほどよく固く、持ち手が長いのでベタつかずにしっかり洗えるところが気に入っています。

　食器拭きは、奈良の蚊帳生地から生まれた「白雪ふきん」を使っています。布が何層にも重なっているので丈夫だし、吸水もいい。使うほどやわらかくなり、手に馴染んできます。

　もう一つ片付けを好きになるコツは、物を置かないこと。少しでも掃除しやすい環境を作ることが大切です。以前はシンク

洗いものも
苦じゃありません

横の調理台の上に調味料の瓶を置いていたのですが、掃除がしにくく、瓶に隠れた汚れも見落としがちでした。何も置かないようにすることで、こまめに拭くようになりました。

　シンクの周りも物を置いていないので、水垢《あか》も落としやすいです。また、水切りかごもないので、かごや受け皿を洗う手間がありません。食器は洗ったらすぐ拭くようにしています。

白雪ふきんは
使うたびに洗います

コーヒーを1杯淹《い》れ、仕事スイッチを入れる

朝、ゆっくりコーヒーを淹れることは、仕事モードに気持ちを切り替える大切な儀式です。朝食の片付けを終えたら、棚からコーヒー豆の入った瓶を降ろします。

おいしいコーヒーを淹れるためには、豆を均等に挽《ひ》くことが大切です。挽き方にばらつきがあると、湯を注いだときに味にムラが出てしまうからです。

僕は粒度のばらつきが少ないカリタの「ナイスカットG」を使っています。

コーヒー歴は2年ほど

今日の気分は中挽きで

MORICOのポットを直火にかけて沸騰したら火を止めます

豆を挽いたら、ドリッパーに入れます。ドリッパーはＫＩＮＴＯの「ブリュワースタンド」を使用。ステンレス製なので、コーヒーの旨み成分がペーパーや布で吸収されることなく、下にしっかり落ちてくれます。

お湯の注ぎ方も大事なポイント。呼吸を整えて、まずはドリッパーの中の粉に少量の湯をそっと回し入れます。コーヒーを蒸らすために30秒ほど間を置きます。この蒸らし作業をするとしないとでは風味がまったく変わるから不思議です。

それから、湯を中央からゆっくり「の」の字を描くように注ぎ入れます。泡がふわっとふくらんだら、上手にできたサイン。

毎朝同じように淹れているはずなのに、コーヒーは手加減、さじ加減で味が微妙に変わるところが、「手仕事感」があって好きです。

おいしく淹れられると
仕事もうまくいく気がします

僕がコーヒーにはまったのは、大学時代からの友人の影響です。ある日、豆とコーヒー道具一式を持った彼が我が家に遊びにきました。そのとき淹れてくれたコーヒーのおいしかったこと。自分でも淹れてみたいと、すぐにミルのリサーチを開始。それからコーヒーの魅力に引き込まれました。

豆の好みは模索中
今は深煎りを
あれこれ試しています

僕が規則正しい暮らしをする理由《わけ》

僕は一度も会社に勤めた経験がありません。22歳のときに愛知県の大学を卒業し、東京のデザイン専門学校の夜間部に入学しました。昨年2月に専門学校を卒業したあとは、どこにも就職しないまま、いくつかのアルバイトを経て、今はユーチューバーとして活動しています。

仕事のほとんどは、自宅で行っています。仕事とプライベートの衣食住を小さな1DKでこなさなければならないので、公私の切り分けをかなり意識しています。

いったん仕事と生活のリズムが崩れると、即、仕事の結果に響いてしまうからです。動画のクオリティが下がると、視聴者やクライアントの信頼を失います。その結果、収入を失うことにもつながりかねません。

僕が普段、仕事や生活をするうえで心掛けていることが三つあります。

その一
バランスのよい食生活

毎日の食生活を整え、体調を崩さないようにすることは、社会人の基本だと思います。特にフリーランスにとって健康でいることは大切です。

一人暮らしを始めたときから、野菜はたっぷり、肉、魚もバランスよくとる自炊生活を心掛けています。フリーランスで仕事をするようになってからは、より食生活に意識を向けるようになりました。

バランスのよい食生活をするようになったことで、自然治癒力が上がったのか、体調が悪くなったり、風邪をひいたりしても、一晩寝たら必ず回復するようになりました。

20代の今は多少無理がきいたとしても、これから年を重ねると必ずつけが回ってくると思います。医療費や薬代も馬鹿にはできません。

その二
起きる時間より睡眠時間を守る

睡眠時間は7時間と決めています。夜10時ごろに布団に入り、朝5時には起きています。

友人が遊びに来たり、仕事の打ち合わせが長引いたりして、寝る時間が遅くなったときは、その分起きる時間を遅くします。

学生時代、課題に追われながら、短期の深夜バイトをしていたときは、2〜3時間の睡眠で我慢したり、二晩続けて徹夜したりしたこともありました。そのときは、集中力が落ちて課題の制作もうまくいきませんでした。徹夜すると必ず体調も崩してしまいます。

今は、仕事と健康のため、睡眠時間をしっかり確保するようにしています。なお、8時間以上眠ると体がシャキッとしないので、僕には7時間睡眠が合っているみたいです。

その三
10分以内でできる家事を ワーキングタイムに取り入れる

勤務時間が決まっているわけではないので、その気になれば際限なく働けてしまいます。また、家で一人で仕事をしているので、気を抜くとダラダラしてしまいます。

その対策として、10分以内にできる家事を仕事の合間に取り入れるようにしています。

僕の集中力が続くのは、30分〜1時間くらい。集中力が切れそうになるタイミングで、植物に水をあげたり、おやつの仕込みをしたり、鍋や皿を並べ換えたり、調味料の整理をしたり、洗濯ものを干したり、床拭きをしたり、といった小さな家事をします。仕事が煮詰まっているときは、部屋の空気を入れ換えたり、10分くらい近所を散歩したりします。

仕事中はパソコンの前に座りっぱなしです。同じ体勢を取り続けていると、血の巡りが悪くなり、体もこわばってきます。こまめに体を動かすことで、体が楽になり、疲労も回復します。仕事がはかどり、健康にもよく、家も気持ちよく整う10分家事は、まさに一石三鳥です。

規則正しい暮らしは、自分を守る「お守り」

フリーランスは、自分の生活は自分で守っていかなければなりません。長く仕事を続けていくためには、食生活を整え、睡眠時間を確保し、常に健康でいること、気分転換しながら仕事の精度と効率を上げ、常にクオリティの高いものを作っていくことが大切です。

規則正しい生活を送ることは、今の自分を守り、将来の自分を守る「お守り」だと思うのです。

フリーランス生活の1日 ―ユーチューバーの時間術―

朝の時間

05:10 起床

キッチンの窓を開け、朝の空気を取り入れます

05:15 朝食作り開始

和食の日は、だしとお米にすぐ火を入れます

06:15 朝食を食べる

今日はスキレットでパンケーキとダッチベイビーを作りました

06:45 仕事スイッチオン

食後の片付けをし、コーヒーを淹れます

07:00 仕事開始

今日は動画の編集です。翌日アップする予定

08:00 水やり

集中力が切れてきたので、サボテンに水やり

昼の時間

12:00 昼休み

昼食作りに20分、食べるのに30分。今日はトマトパスタです

13:00 仕事再開

午後からは、キッチンツールのデザイン画を描きます

14:00 ちょこっと家事

仕事の合間をみて、洗濯ものを干します

14:10 デザイン画

デザイン画の続き。今年発売予定の「奥平スプーン」(仮)です

夜の時間

15:00

おやつの時間

昨日作ったシュークリームとコーヒーでひと息

15:20

動画編集

動画編集再開。完成間近です

16:00

ちょこっと家事

床拭きで気分転換。シャッシャッという音が心地いい

16:10

動画編集

最後の仕上げ。予定通り明日配信できそう

17:00

ランニング

仕事を終えて、ランニングと夕食の買い出しに

18:00

シャワー

帰宅してシャワーを浴び、髪を乾かします

18:45

シャワー後の一杯

小松菜とバナナのスムージーを作りました

19:00

夕食作り開始

今夜は野菜たっぷりのトマト鍋

20:30

夜の自由時間

夜はアマゾンプライムで映画を観ました

22:00

就寝

翌朝用にだし昆布と米を水に浸けて、お休みなさい

ＤＩＹで作るワーキングスペース

撮影した動画を編集

机の上に余計な物がないので集中できます

壁の裏側に作った本棚

必要最低限の物だけ置いています

デザインで使う筆記用具類

普段は箱に入れてベッドの下に

ロールスクリーンにして生活感をなくしています

暮らしの中に時短や効率は求めない僕ですが、仕事においてはスピードや機能性を追求しています。

10畳のリビングスペースの一角、1畳分をワーキングスペースとして使っています。仕事用の机は、ＤＩＹで作りました。必要とするスペースや自分の身長に合わせて、自分にぴったりのサイズにしたかったからです（横幅120㎝、奥行き56㎝、高さ70㎝）。材料はホームセンターで購入。お店でカットしてもらい、組み立ては自分で行いました。

机の上には、パソコンとキーボード、トラックパッド以外は、物を置かないようにしています。余計な物があると、気が散って集中できないからです。同じ理

由で、電気コードも壁の後ろに隠して視界に入らないようにしています。

椅子は、中古家具店で購入したロッキングチェアを使っています。ロッキングチェアで仕事？とよく驚かれますが、座面の大きさが僕にぴったりで、座り心地も抜群。キーボードやトラックパッドを操作するのにちょうどいい高さなのです。なお、仕事中は背もたれは使いません。

ワーキングスペースとリビングスペースは、メッシュのパーテーションで区切っています。メッシュを固定している柱や壁もＤＩＹで作りました。全面を壁にせずメッシュにしたのは、南の窓から入る光を部屋全体に回したかったのと、リビング側から見たとき、部屋を広く見せるためです。

お金よりも時間を大切にしたい

やりたいのは「暮らしの発信」

僕の今の仕事は動画制作がメインです。動画制作のうち、6割が、日々の暮らしを動画に撮って編集し、ユーチューブで発信すること、残りの4割が、企業から請け負っている動画の制作です。

請け負っている仕事は、その企業のキッチンツールを使って、指定されたレシピをもとに料理をして、器に盛り付け、撮影・編集するというもので、週2本納品しています。

この仕事は、企業の方が僕のユーチューブを見て声を掛けてくれたことがきっかけで始まりました。当時は、専門学校を卒業する直前で、短期のアルバイトをしながら動画の配信をしていました。

自分が好きな料理や動画の制作、しかも定期的な仕事ということで、魅力的ではあったのですが、引き受けるかどうかはかなり迷いました。

学校を卒業し、課題に追われる生活からようやく解放されて、「よし、これからは、とことん自分の暮らしを楽しもう」と思っていました。料理やお菓子を作ろう、道具は鍋をそろえよう、陶芸で器を作ろう、ＤＩＹで棚や壁を作ろう、などとやりたいことが溢れていました。

僕は、自分のペースで暮らしを楽しみたかったので、就職という道を選択しませんでした。

それなのに、定期的に納品日が決められた仕事を引き受けると、仕事に追われる日々になり、僕が一番大切にしたい、暮らしを楽しむということができなくなってしまうのではないかと思ったのです。

「動画は奥平さんの世界観で、好きに作ってほしい」と企業の方は言ってくださいました。動画の撮影や編集は大好きなのです。自分の好きな世界観で作っていいのなら、暮らしを楽しみながらも、うまく工夫すればできるかもしれない。そう思って、引き受けることにしました。

その後もいくつかの企業から、動画制作のオファーをいた

だいていますが、それらはすべてお断りしています。

僕がやりたいことは、「暮らしの発信」だと改めて気づいたからです。

自分が納得できるクオリティを維持するために

「フリーランスなのに仕事を断るなんて、ユーチューブで収益を上げられる自信があったんですね」と言われることもありますが、そうではありません。

ユーチューブで収益を上げられるようになったのは結果であって、最初からユーチューバーになろうと思っていたわけではありません。当時はとにかく「暮らしはこんなに楽しいんだ」ということを何らかの形で発信して、多くの人に伝えたいと思っていました。最初はユーチューブではなく、インスタグラムを使っていました。

そのころは、週4日のアルバイトで生活していました。働く日数を制限していたのは、それ以上働くと、自分らしい暮らしが維持できなくなると思ったからです。

発信するに足る暮らしをするためには、まず僕自身が暮らしを楽しんでいることが前提です。そのためには、お金の余裕より、時間の余裕が必要だと考えています。

楽しい暮らしの発信は、時間に追われてはできません。もし、締め切りに追われながら動画を作ったとしたら、ざわざわした気持ちや慌ただしい空気感が必ず観る人に伝わってしまうでしょう。

自分が納得できるクオリティの作品を生み出すためには、絶対に時間的な余裕が必要です。

単に締め切りに間に合うように、形だけを整えたものは、長い目でみれば、依頼してくれた企業や、動画の視聴者の信頼を失うことになると思うのです。

今僕は、学生時代からやりたいと思っていたキッチンツールのデザインや、オリジナルコーヒーの開発などの仕事もさせてもらっています。どちらも、僕が日々発信する動画を見て、企業の方が声を掛けてくれて始まりました。

大好きな暮らしに夢中になっていたら、その暮らしが素敵な仕事を運んできてくれたのです。

これからも全力で、でもマイペースで、暮らしを思う存分楽しみ、暮らしを発信していきたいと思います。

憧れだった一人暮らし。進路変更の相談

長男だから県外はだめ！

僕は4人兄弟の長男です。

家の中はいつも騒がしく、子どものころから自分だけの部屋や誰にも邪魔されない時間を持つことに憧れていました。

小学校高学年から高校まで、僕が夢中になっていた趣味の一つが部屋の模様替えです。次男と使っている部屋の真ん中に二段ベッドを置いて部屋を仕切ったり、家族の部屋と自分たちの部屋を、家具ごと総入れ替えしたりしていました。半年ごとに、小さな引っ越しのような騒ぎを起こす僕に、家族は呆れながらも協力してくれました。

高校3年生になり進路を決めるころ、僕には譲れない夢がありました。それは、地元の愛知を出て、一人暮らしをすることです。両親にそれとなく希望を伝えたところ、長男だから県外はだめと却下されてしまいました。そこで、県内にはあるけれど、実家から通うには遠い場所に位置する大学を見つけ出し、入学することに成功しました。生活に必要なお金は奨学金を利用しました。

夢の一人暮らしの住まいは、海まで徒歩5分のところにある小さな1Kのアパートです。周りに遊びに行ける場所はなく、やることといったら、浜辺を散歩することと、家事くらいでした。

大嫌いだった家事

実は、実家にいたころは家事が大嫌いでした。父と母、僕、三人の弟の六人家族だったので、長男の僕は必然的に母の家事を手伝うことになりました。六人分の食事の後片付けをしたり、洗濯ものを干したり畳んだり、お風呂を掃除したりすることは、退屈以外の何物でもありませんでした。

それが、一人暮らしを始めて変わったのです。家事が自分一人分でよくなったことで、料理を作ったり、後片付けをしたり、掃除をしたり、洗濯をしたりという作業の一つひとつにじっくり向き合うようになり、いつの間にか、家事は楽しくて仕方がない存在になっていました。

僕の部屋作りのルーツも、このころに遡ります。

当時は、浜辺を散歩するのが日課で、辺りには流木がたくさん打ち上げられていました。いつもは気にも留めなかったのですが、あるとき、気になる流木に出合いました。オブジ

初めて自作した、流木の家具

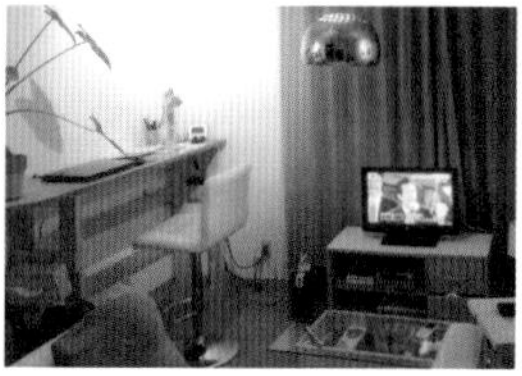

雑誌に載った部屋です

ェとして使えるなと思い、家に持ち帰り、部屋に飾りました。それからは、徐々にエスカレートしていき、気づけば、持ち帰った流木でサイドテーブルや照明スタンドを作るようになっていました。自分で家具を作るうちに、インテリアや部屋にも興味を持つようになります。

部屋に興味が湧くと、掃除や整理整頓も自ずと楽しくなります。自分なりに工夫した部屋には、当然、友人を招きたくなります。友人をもてなすために、料理も作るようになります。遊びに来た友人は、僕の暮らしぶりを褒めてくれて、ますます部屋作りに励むようになる。この繰り返しで、僕はすっかり暮らしが趣味になってしまいました。部屋作りの様子や、日々の暮らしを写真や動画に撮り、インスタグラムにアップするようになったのもこのころからです。

猛反対の父を説得

大学1年生の夏休み、実家に帰省した僕は、両親に「大学を卒業したら、東京の専門学校に入ってデザインを学びたい」と告げました。料理や部屋作りにはまっていた僕は、インテリアや空間デザイン、家具やキッチンツールのデザインに興味を持つようになっていました。

「せっかく大学で福祉経済を学んでいるのに、それとは全く違う分野、しかも東京に行きたいだなんて、何を言っているんだ」と父には猛反対されました。夏休みの間中、父を説得しようといろいろ試みましたが、父の心を動かすことはできませんでした。

その年の秋、インスタグラムを通じてある雑誌から部屋のインテリアを取材させてほしいとの連絡がありました。僕はたくさんの人と暮らしの楽しさを共有したいと思っていたので、喜んで取材を受けました。同じ年の冬、父にその雑誌を見せたところ、ただ黙ってページをめくっていました。そのとき、父がどう思ったのかはわかりません。ただ、父がその後、僕の東京行きに反対することはありませんでした。

最近になって、あのときの気持ちを父に聞いてみました。「デザイナーという競争率も高く、雲をつかむような職業で食べていけるわけがないと心配していた。でも、雑誌に載っている部屋の様子を見て、本気なんだなと思って見守ることにした」とのことです。今、僕がこうして活動できているのは、最後には僕の思うようにさせてくれた両親のおかげです。

和の朝食作りで、心と生活のリズムを整える

この光が好きなんです

今日は和定食にします

一番だしで
みそ汁を作ります

魚をじっくり焼きます

気持ちや生活リズムが乱れているなと思ったとき、僕は朝に和食を作ることにしています。

　一番だしをとる、土鍋でお米を炊く、ゆで過ぎないところで青菜を湯から引き上げ、氷水に素早く放つ、巻きすで卵焼きを巻く、魚の皮を香ばしく焼く。

　これら一連の作業を集中して行っていると、不思議と呼吸が深くなり、心が静かになります。子どものころ、公園で無心に遊んでいたときの無邪気な自分に戻ったような気がします。

　料理を進めながら、野菜の鮮やかな色を見たり、みそ汁鍋のふたを開けたときにぷんと漂ってくる香りにうっとりしたり、土鍋から立ち上る湯気や透き通った氷水をきれいだなとじっと

土鍋ごはんの和定食の出来上がり

見たりしていると、五感がフルに活動し始めます。

料理は、大学に入って一人暮らしを始めた18歳のときから真面目に取り組み始めました。ネットの情報を中心に独学で作っていますが、基本をしっかり押さえる意味で、オレンジページの『Ｔｈｅ基本２００』という本も参考にしています。ネットや本のレシピをそのとおりに作ることはなくて、自分流にアレンジしています。

よく「朝からそんなに食べるんですか？」と聞かれますが、実家にいたころからしっかり朝食をとることで、1日のパフォーマンスが違うと実感していたので、朝はたくさん食べるようにしています。作り過ぎてしまうこともありますが、そのときは夕食か明日の朝食にします。

だしへのこだわり。だしとコーヒーは似ている

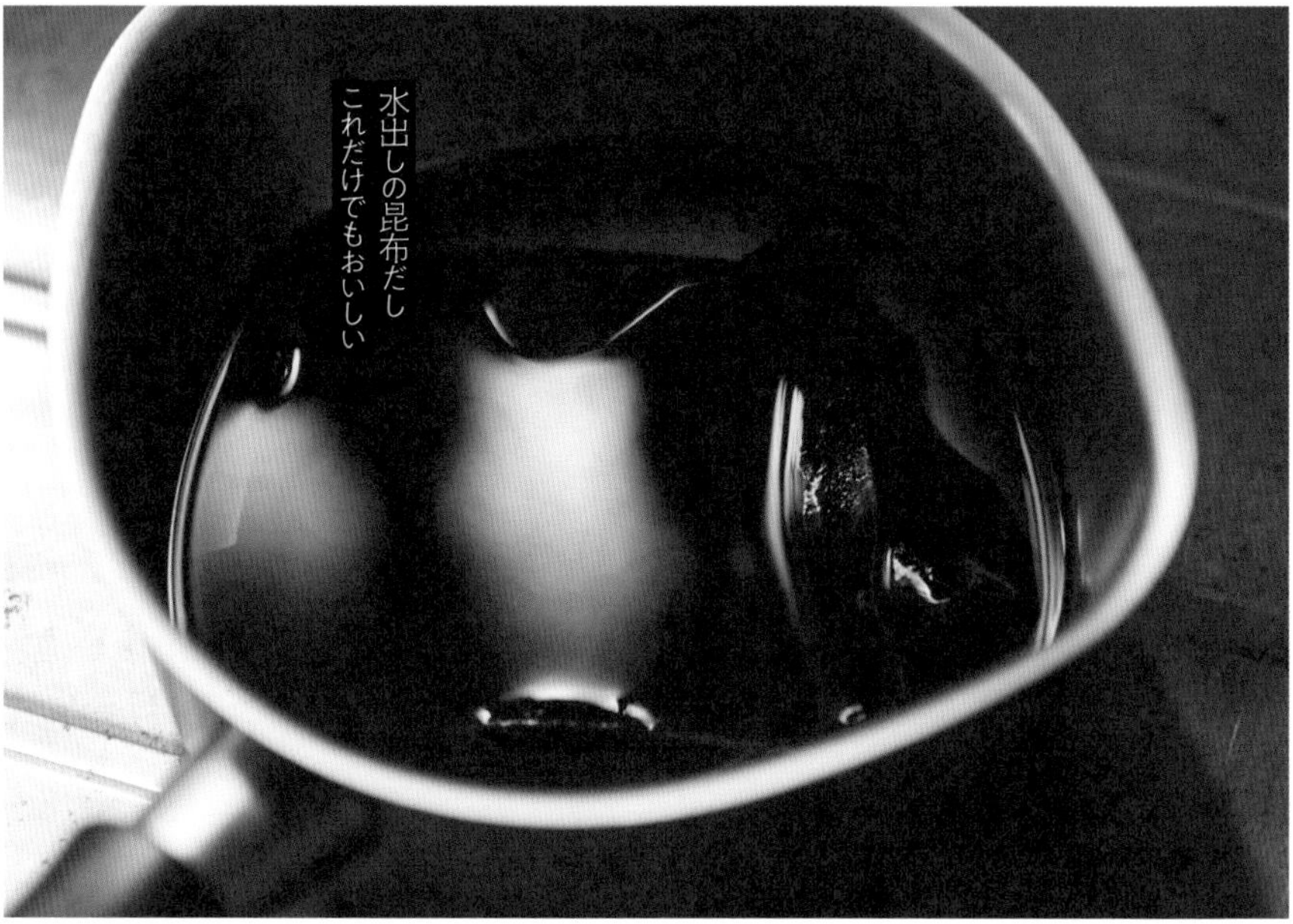
水出しの昆布だし
これだけでもおいしい

きれいに澄んだ
昆布の一番だしがとれました

僕が料理で使うだしは、利尻昆布でとる昆布だしと、かつおの削り節でとるかつおだしを合わせた、昆布とかつおの合わせだしです。一番だしで朝のみそ汁を作り、二番だしは夕食の鍋や煮物に使っています。

朝、前の晩からつけておいた昆布だしの鍋に火を入れると、昆布からゆらゆらと泡が立ってきます。さっと昆布を引き上げ、沸騰したところで、削り節を惜しみなくどっさり投入します。もう一度沸騰したタイミングで素早く火を止め、さらしで静かに濾《こ》します。

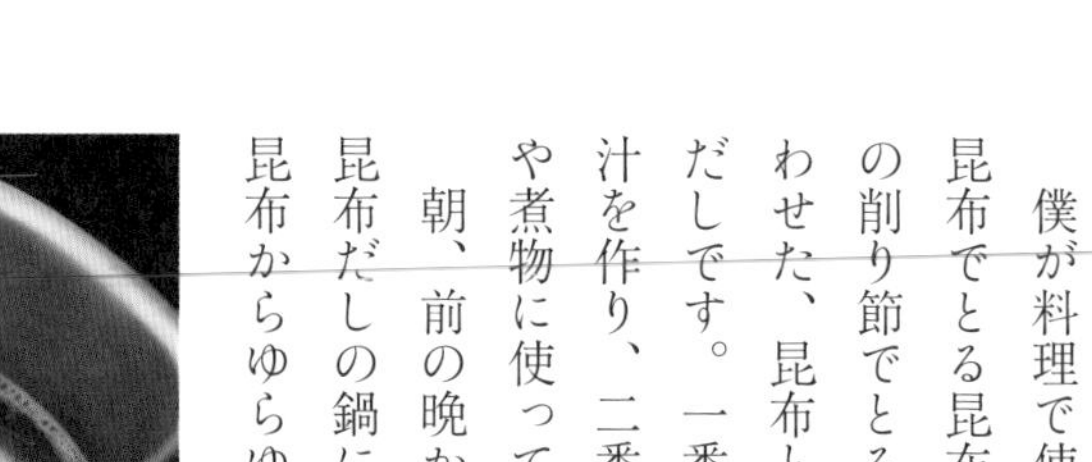
昆布だしが煮立ったら
素早く削り節を入れます

以前は紙のコーヒーフィルタ

ーで濾していたのですが、さらしに替えたところ、だしの味がまろやかになりました。使い捨てではなく、繰り返し使えるところも気に入っています。さらしを使って洗って干す、という作業が気持ちいいです。

二番だしまで使った昆布と削り節は、捨てずに作り置きおかずにして使い切ります。

昆布を砂糖と醤油と酒でさっと炒りつけ、削り節をからませれば、熱々のごはんにぴったりのおかずの完成です。こうした箸休めが献立に入っていると、心がほっとします。

だしをとることと、コーヒーを淹《い》れることは似ていると思います。どちらも心を落ち着けて1日を始めるためのスイッチで、目の前のことに向き合うという仕事や生活の基本を思い出させてくれます。

だしを濾す瞬間
豊かな香りが立ち上る

慌ててやるとどちらもおいしくないので、自分の状態をごまかせないなと思うのです。

だしがらまで
しっかり食べ切ります

昆布も削り節も

利尻昆布と僕の街の水

これまで、だしには羅臼昆布を使っていたのですが、あるときふと思い立って、利尻昆布を使ってみることにしました。

利尻昆布でだしをとり、みそ汁を作ってみたところ、その味の違いに驚きました。奥行きがあり、くせのないうまみがじんわりと広がるのです。

感激して、ある人に話したところ、「昆布と水道水の硬度の相性がいいのでは」と言われました。調べてみると、羅臼昆布は硬水と相性がよく、利尻昆布は軟水と相性がよいことがわかりました。さらに、僕の街の水道水は、東京には珍しい軟水だったのです。

利尻昆布は軟水でだしをとることで、うまみがしっかり抽出されるというわけです。

香り豊かで澄んだ
だしがとれます

主張控えめで
料理を引き立ててくれます

さらしは日本橋・木屋のもの

椀を手に持つたびに「きれいだなあ」と思う

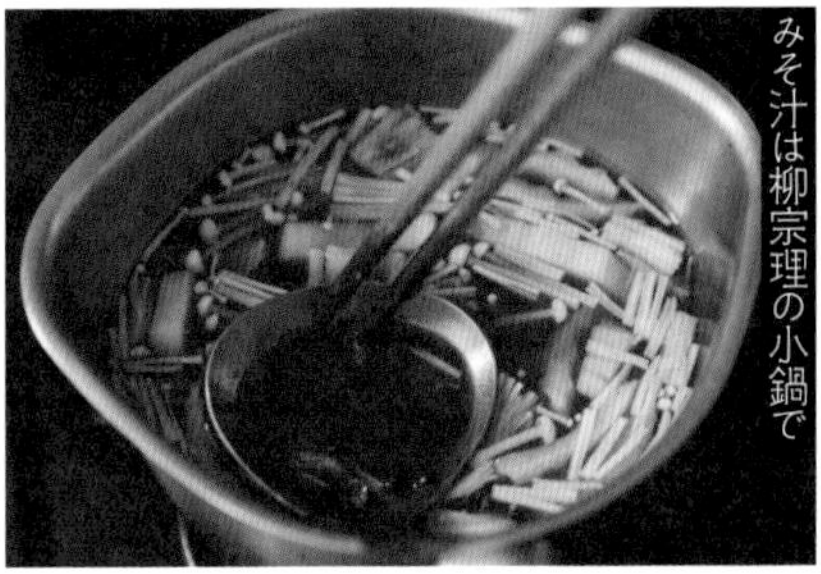

みそ汁は柳宗理の小鍋で

愛知出身の僕にとって、みそは、濃いめの赤だしと決まっています。子どものころから親しんできたのが、まるや八丁味噌の八丁味噌。今もこのみそを使っています。

みそ汁のお椀は、薗部産業の「めいぼく椀」です。ブナの木をくりぬいて作られたもので、しっとりした触り心地と、美し

ぼってりとした丸みがたまらない

い曲線に惚《ほ》れ込みました。４千円と高価でしたが、ほぼ毎日使うものなので、できるだけいいものを選びたいと思い、思い切って購入しました。

お店にあるお椀をすべて出してもらい、手触りや木目を見比べて、これだ！　と思う一品を選びました。

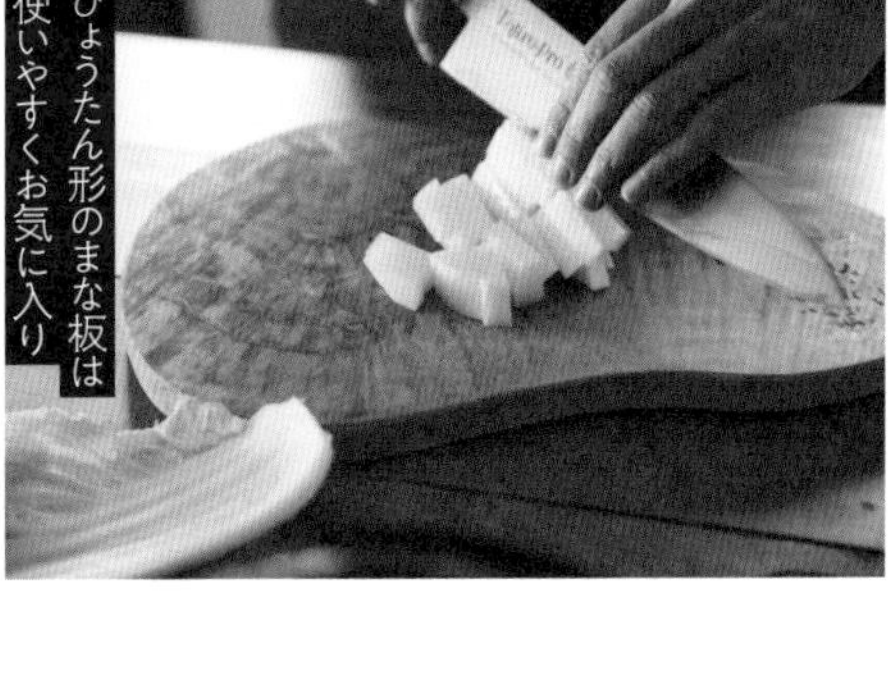

ひょうたん形のまな板は使いやすくお気に入り

土鍋で炊くちょっとの不便さが楽しい

グリーンのホウロウ容器が米びつ

前の晩から水につけておいた玄米

玄米の香ばしい匂いがします

今日はちょっと柔らかめに炊けたかな

1年くらい前に、炊飯器を手放し、今は土鍋でごはんを炊いています。

炊飯器だったら、スイッチ一つで毎日完璧なごはんが炊けますが、土鍋だとそうはいきません。ふたをあけるたびにどんな具合になっているか。同じようにしているつもりでも、やわらかかったり硬かったり、カニ穴があいたり、あかなかったりと、いつも出来上がりが微妙に違います。

そもそも、おいしさってその日の自分の体調とか気分とか、前の日の夜に食べたものとか、天候とかで変わるものだと思います。だから、手加減一つで、そのときの自分の好みにぴったり合ったお米が炊けたときの感

香ばしい香りが
食欲をそそります

動といったらありません。

それに失敗してもいいんです。次に作るときの経験になりますし、料理を作る過程が楽しいのですから。

僕が使っているのは、長谷園の「かまどさん」という炊飯用土鍋。遠赤外線効果のある釉薬を使っていること、二重のふたが圧力釜の機能を果たしていること、厚手で保温性が優れていること、伊賀独特の呼吸する土で作られていることなどが購入の決め手となりました。ネットで調べてみると、使っている人たちの評判も上々でした。

毎日、少しだけ不便で、工夫の余地があること。同じことを繰り返しているはずなのに、少しずつ結果が違うこと。そういった生活に、僕は楽しさや喜びを感じるんだと思います。

卵焼きの思い出。一人暮らしに巻きすは必要？

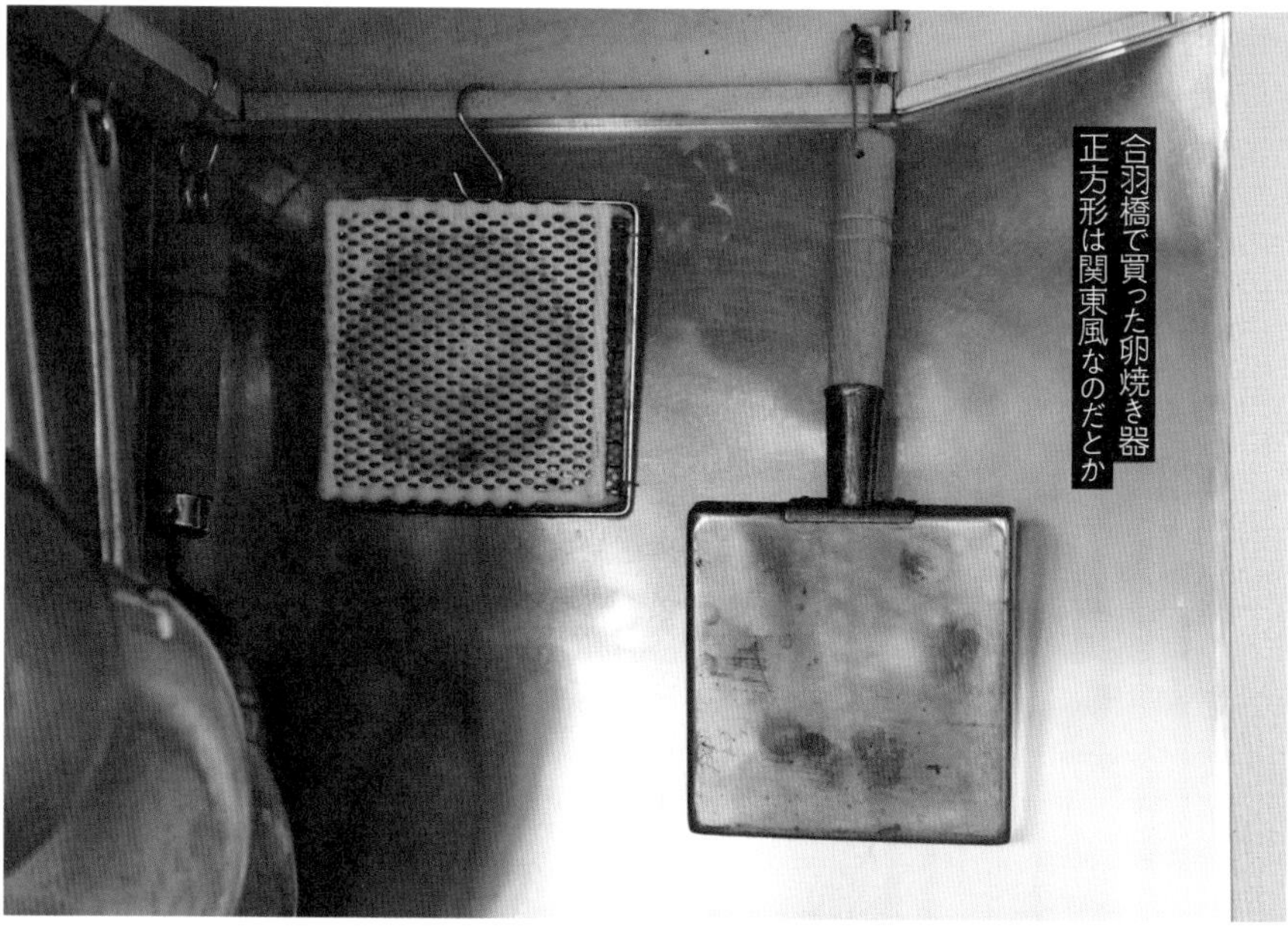

合羽橋で買った卵焼き器
正方形は関東風なのだとか

卵焼きは僕が生まれて初めて作った料理です。大人になった今も、ひんぱんに作ります。

小学校2年生のとき、隣に住む二つ年上のお兄さんが作ってくれた卵焼きがおいしくて、母にねだって卵焼き器を買ってもらいました。道具から入るのは、子どものころからのようです。

新鮮な卵を二つ

自分で卵焼きが作れるのがうれしくて、毎日のように卵焼きを作っては、家族や友人に振る舞っていました。僕が今、料理に意欲的なのは、あのとき周りにいた人たちが「おいしい、おいしい」と言って食べてくれたおかげかもしれません。

最近になって、「あのときの卵焼き、実はすごくしょっぱかった」と近所のおばさんが笑って教えてくれました。

牛乳と砂糖を少々

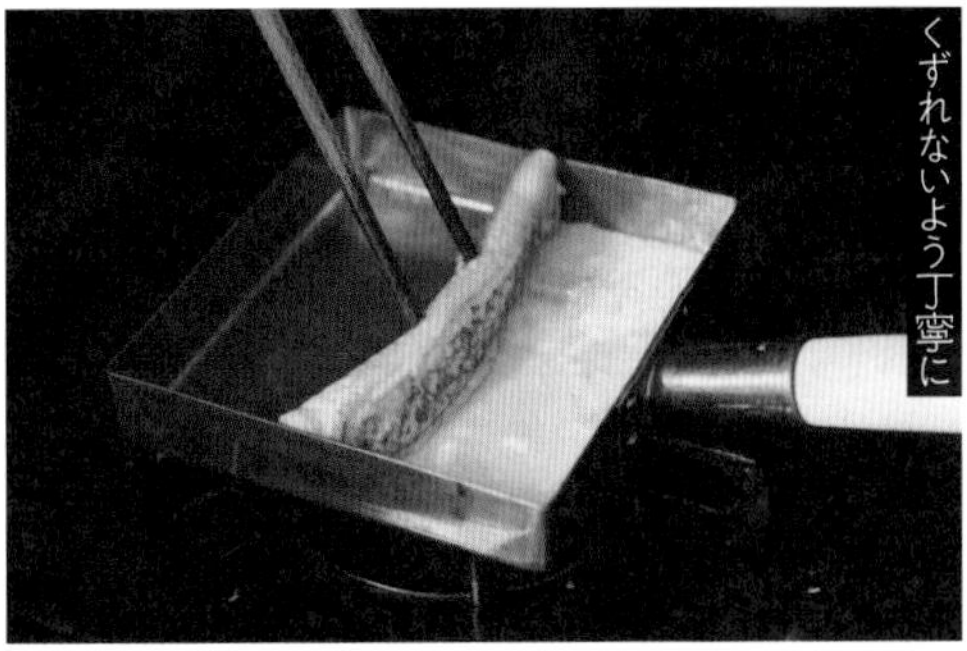

くずれないよう丁寧に

今使っているのは、正方形の卵焼き器。少しずつ卵を焼いて巻き、仕上げに巻きすで形を整えます。

巻きすは、日本橋・木屋で買ったもの。道具の見た目、手触りが好きで、すぐに欲しいと思ったのですが、果たして、自分が食べるだけの卵焼きを、巻きすで整える必要があるのかなと、

ふわふわの食感に

竹の手触りが気持ちいい

少し迷いました。

でも、僕が求めているのは、手間を省くことではなくて、楽しく暮らすこと。

巻くという作業そのものが楽しいし、美しく巻き上がった卵焼きは、それだけおいしく感じられるはずです。自分の生活にはやっぱり必要だと、買い求めました。

子どものころから親しんできた、愛知県産の「しんしろ茶」

この存在感
置いてあるだけで絵になる

僕がコーヒーを飲めるようになったのは、ここ2年くらいのこと。それまではもっぱら緑茶を飲んでいました。

お茶に関する本などを読み、旅先では必ずその土地のお茶を買い求めて飲み比べていました。

今、日常的に飲んでいるのは「しんしろ茶」。愛知県新城市産の煎茶で、厳選された一番茶がこう呼ばれています。煎茶ならではの深い味と香りが楽しめます。いろいろ試してきたものの、結局は、子どものときから飲み続けているこのお茶に落ち着きました。

お茶を入れる急須は、岩鋳《いわちゅう》の南部鉄器、「鉄瓶9型平丸アラレ黒焼付」です。インスタグラムで素敵だなと思ってフォロー

カップは小学校2年のとき
陶芸教室で作ったもの

している人たちが何人かいて、皆さんこれを使っていたので、選びました。

鎧《よろい》のような見た目やマットな質感、冷めにくさが、気に入っています。重いふたを閉めたときに鳴るカチンという音も好きです。少しでも鉄分を摂取できたらいいなとも思っています。

しんしろ茶はお茶漬けにもよく合います。特に相性がいいのが鮭茶漬けで、鮭の臭みをお茶の風味が和らげてくれます。ちょっと贅沢に、一番だしと半々でブレンドするとよりおいしくなります。昨年、あるテレビ番組に出演したとき、このメニューを紹介したところ、皆さんに好評でした。司会の中居正広さんとモト冬樹さんは、撮影が終わったあとも「おいしい」と言って食べてくれました。

部屋に枝ものを飾る

少し前から、部屋に枝ものを飾るようになりました。

きっかけは、ある園芸センターの人に勧められたからです。以前、観葉植物をここで買ってから、散歩途中にちょこちょこ植物を見にきては、お店の人とおしゃべりを楽しんでいました。

切り花ではなく、枝ものにしたのは、手入れがしやすく、長持ちしそうだったからです。実際のところ、ひと枝買えば、約2週間は持ちます。ただ、手間は思ったよりかかりました。

毎日のように花びらや葉が落ちて案外世話が焼けるのです。でも今は、そこもいいなと思っています。

水替えは2～3日に1回くらい。うっかり忘れて水が濁っているのを見ると「水の汚れは自分の心の汚れ」と反省します。

いつもそばで見ていられるように、部屋の中を移動するときは、花瓶も一緒に移動させたりします。

早春には雪柳の白い花を

桜があると華やかな雰囲気に

花瓶はスウェーデン製のもの

昼の時間

昼休みは12時から13時まで。仕事は17時で切り上げる

今日はパスタを作ると決めていました

トマト、ピーマン、パプリカを入れて彩りよく

ゆで汁を少し入れると味のからみがよくなります

仕上げに黒こしょうをひとふり

これが大事

陽の光が気持ちいい

昼休みは12時から13時と決めています。会社に勤めているわけではないので、別に決まった時間にとらなくてもいいのですが、仕事と生活の精度を維持するために、お昼も定時を守っています。

20分ほどで昼食を作り、30分で食べ、残りの10分で後片付けをします。

昼食のメニューは簡単にひと皿で済ませられるものがほとんど。その代わり、野菜をたっぷりとるようにしています。炭水化物と野菜を一度にとれるパスタやスパイスカレーを作ることが多いです。

昼食は朝食とは気分を変えるために、リビングスペースの食卓か仕事机で食べます。ノート

パソコンで映画を観ながら食べることもあります。仕事が立て込んでいるときは、仕事机で手早く済ませます。

13時から仕事を再開します。

僕の仕事の半分以上は「暮らしの発信」なので、家事や整理整頓、部屋作りのためのＤＩＹなどにまつわることが中心です。

仕事机に向かって、動画を編集したり、電話で打ち合わせをしたり、キッチンツールのデザインを考えたりします。家での作業がほとんどですが、たまに打ち合わせのために外出することもあります。

仕事を終えるのは、陽が落ちる17時ごろ。早いと思われるかもしれませんが、朝７時から１時間の昼休みを挟んで働いているので、１日９時間労働です。意外と働いています。

暮らし系ユーチューバーの仕事術

特別なことは何も起こらないけれど、日々の何気ない暮らしの中にある楽しさを発信すること。それが「暮らし系ユーチューバー」としての僕の仕事です。

押入れを整理したり、キッチンに壁を作ったり、愛用のグッズを紹介したり、魚をさばいたり、うどんを粉から作ったり、大好きなシュークリーム作りに挑戦したり、一人キャンプに行ったり、友人を招いてピザをふるまったり——。そんな日常を約10分の動画にして、週に2回、夜9時にユーチューブにアップしています。

台本は作りません。夜寝る前に、明日は何をしようかと考えて、普通に暮らしながら、その様子を撮影しています。

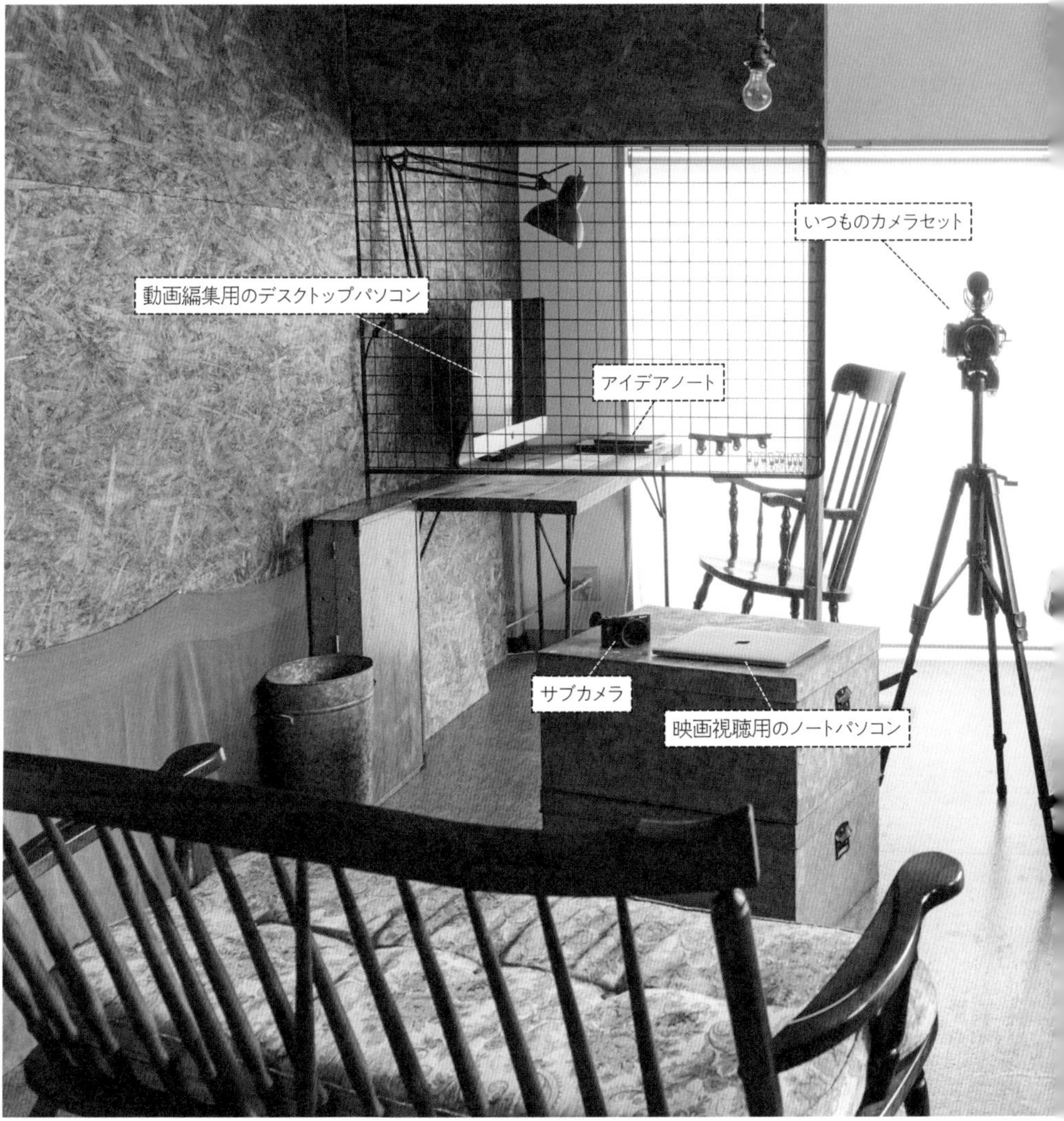

1年前は日々の暮らしが仕事になるなんて思ってもいませんでした。最初はインスタグラムで暮らしの写真や動画をアップしていたのですが、伝え切れないことも増えてきたので、ユーチューブに移行しました。

始めてから1年間は登録者数も１００人くらいでしたが、２０１９年の2月ごろにアップした「一人暮らしの日常」の動画が視聴回数十万回を超えるヒットとなりました。このころから「ユーチューブでの配信は、思っている以上に需要があるかも」と思い始め、音楽や撮影の仕方を工夫し、トライ&エラーを重ねながら今に至ります。

登録者数が増えたからといって、生活そのものは何も変わっていません。

僕の仕事道具を紹介します

RODE Video Mic Pro
ユーチューバーの定番マイクです。ホワイトノイズも少なく、臨場感溢れる音が収録できます。僕の「ASMR動画」(聞いていて心地良い音を収録した動画)も、音はこのマイクで採りました。

動画の撮影や編集は、ユーチューブやウェブの情報を参考に、すべて独学で身につけました。

撮影で使っている機材も、ウェブでリサーチしてそろえたものです。僕は、もともと撮影機材に興味があったので、撮影や編集をするうちに欲が生まれ、インスタグラムに動画をあげていた初期のころから、パソコンやカメラ、レンズにマイクと、アルバイトをしながら機材をそろえていきました。

SONYα7II
メインに使用しているカメラです。2年前に購入したもので、ほとんどの動画をこれで撮影しています。

これから動画配信を始めてみたいと考えている方は、もちろんそこまで初期投資をしなくても大丈夫。スマホ1台から始めてみてもいいと思います。

僕の相棒であるカメラとマイク

SONY DSC- RX100M7
サブで使っている手持ち用のカメラで、外出したときや旅行のときに使っています。軽量で、優秀な手ぶれ補正機能が購入の決め手でした。三脚にセットして使うこともあります。

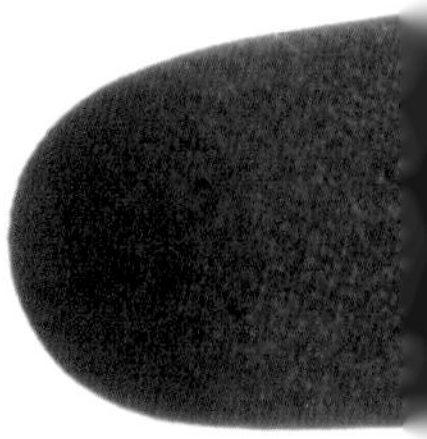

FE 24mm F1.4 GM
広角で撮れる単焦点レンズ。ズーム機能はありませんが、寄りでもシャープに撮れます。こまめにレンズをつけ替える撮影スタイルではないので重宝しています。

FE 55mm F1.8 ZA
単焦点レンズ。FE 24mm F1.4 GMよりは画角が狭くなります。この2つは気分で使い分けています。

FE 28mm F2
一番最初に使っていた単焦点レンズ。今はあまり出番はありません。

FE 24-105mm F4 G OSS
ズームレンズ。画質は多少落ちますが、寄りと引きが得意なので、食材にグッと寄りたいときや、コーヒーや鍋から立ち上る湯気を撮りたいときなどに使います。

デスクトップパソコンは「iMac 2019」、ノートパソコンは「MacBook Pro 2017」、編集ソフトは「Premiere Pro」を使っています。

「YouTube NextUp 2019」で教わった動画制作の心得

動画配信を始めて約2年後、2019年9月に「YouTube NextUp 2019」というプログラムに参加することになりました。

ユーチューブが主宰する、次世代のユーチューブクリエイターを発掘、支援することを目的としたプログラムで、業界で活躍する映像クリエイターの方たちから、動画制作やプロモーションについて学べるというものです。これまで、僕は撮影も編集もすべて我流で行ってきたため、一度プロの方にいろいろ教わりたく、思い切って応募したところ、幸運なことに選んでいただけました。多くのことを学びましたが、僕が実践して、即、効果があったと思うことが四つあります。

まず、サムネイルの出来で再生回数が決まるということです。サムネイルとは、動画内容を知らせる画像のことで、たとえるなら、店の看板や本の表紙のような存在です。先生がおっしゃるには、とにかくシンプルでわかりやすいことが大切だそうで、画像は映像からの切り抜きを使うのではなく、サムネイル用に改めて写真を撮ったほうがよいとのことでした。タイトルとサムネイルの内容が一致していることも大切です。

多くのユーチューバー仲間にも出会えました

二つ目は機材についてです。

僕の場合は、ズームレンズを使うことを勧められました。それまではカメラそのものを撮影対象に近づけたり、遠ざけたりしていたのですが、ズームレンズを使用することで、遠近のリズムが自然になり、表現の幅がぐっと広がりました。

三つ目は、音の重要性についてです。映像にばかりこだわるのではなく、音にも意識を向けるように言われました。今では生活音を違和感なく、リズムよくつなげることを心掛けています。音にこだわるようになったことで、映像の物語性が深まった気がしています。

そして四つ目。ここを先生は一番強調していました。それは「人間味を出すこと」。視聴者は、決して完璧さを求めているわけではなく、普段の姿を見せることで共感を得られるとのことでした。例えば、美容系なら素顔を見せるとか、暮らし系なら料理を失敗してしまった様子などもありのままに見せるなど。作り込み過ぎないことで、視聴者との距離が縮まることを教わりました。

憧れには遠いけれど、植物のある生活は楽しい

部屋の隅にふと目をやると
そこには緑があります

観葉植物でいっぱいの、植物園のような部屋を作ることにずっと憧れていました。

専門学校を卒業し、いよいよ暮らしに時間を割くことができるようになったとき、パキラとゴムの木を買いました。視聴者の方から植物に名前をつけると愛着が湧くよとアドバイスされて、パキラには「サトシ」、ゴムの木には「カスミ」と名付けています。

あくまでも僕の体感なのですが、観葉植物を置くようになってから、目の疲れや体のこりが緩和されたような気がします。植物園にはほど遠いですが、植物と毎日触れ合える生活に満足しています。

一緒に住んで2年のサボテン
水やりは週に一度

霧吹きでシュッシュッ

少し元気のない「サトシ」

家事を細かく分けて好きになる

羊の毛のはたきで
ほこりを払います

「そんなに丁寧に暮らしていて疲れませんか？」という質問をよく受けます。「楽しく、無理せず、頑張らない」が僕の暮らしの方針なので、家事疲れすることはありません。

　今でこそ「趣味は家事」と公言していますが、実家を出てすぐのころは、家事は苦手でした。シンクに1日3食分の洗い物をためてしまうこともしばしばで、部屋の掃除は週に1回ほど。洗濯ものもいつもぎりぎりまでためていました。

　でも、部屋が荒れていると、仕事をしていても遊びに行っても、意識がそっちに向かってしまい、集中できません。気分も苛立《いらだ》ち、何をするのも面倒になって、生活全般がうまくいかなくなってしまいました。

背の高い瓶は後ろに
小さな瓶は手前に移動

　あるとき、「結局、一人暮らしなんだから、自分でやるしかない。家事はためずにやろう」と決意しました。そのとき編み出した家事をうまくやるコツが、家事を細かく分けることです。

汚れたお皿やコップはためずに、使い終わったらすぐに洗います。掃除や整理だったら、今日は床を拭く、次の日は椅子を拭く、食器棚の整理は一段だけ、などと細かく分けて行うのです。このスタイルだと、さあやるぞと気合を入れなくても、気軽にこなすことができます。

僕は小さな家事を毎日少しずつ繰り返すことで、苦手だった家事がいつの間にか好きになっていきました。

こうした10分以内にできる小さな家事を「生活筋トレ」と呼んでいます。今は、料理、後片付け、整理整頓などは、たっぷり時間をとって行っていますが、仕事の合間には、生活筋トレを実践しています。

取り出しやすいように
鍋を並べ替えます

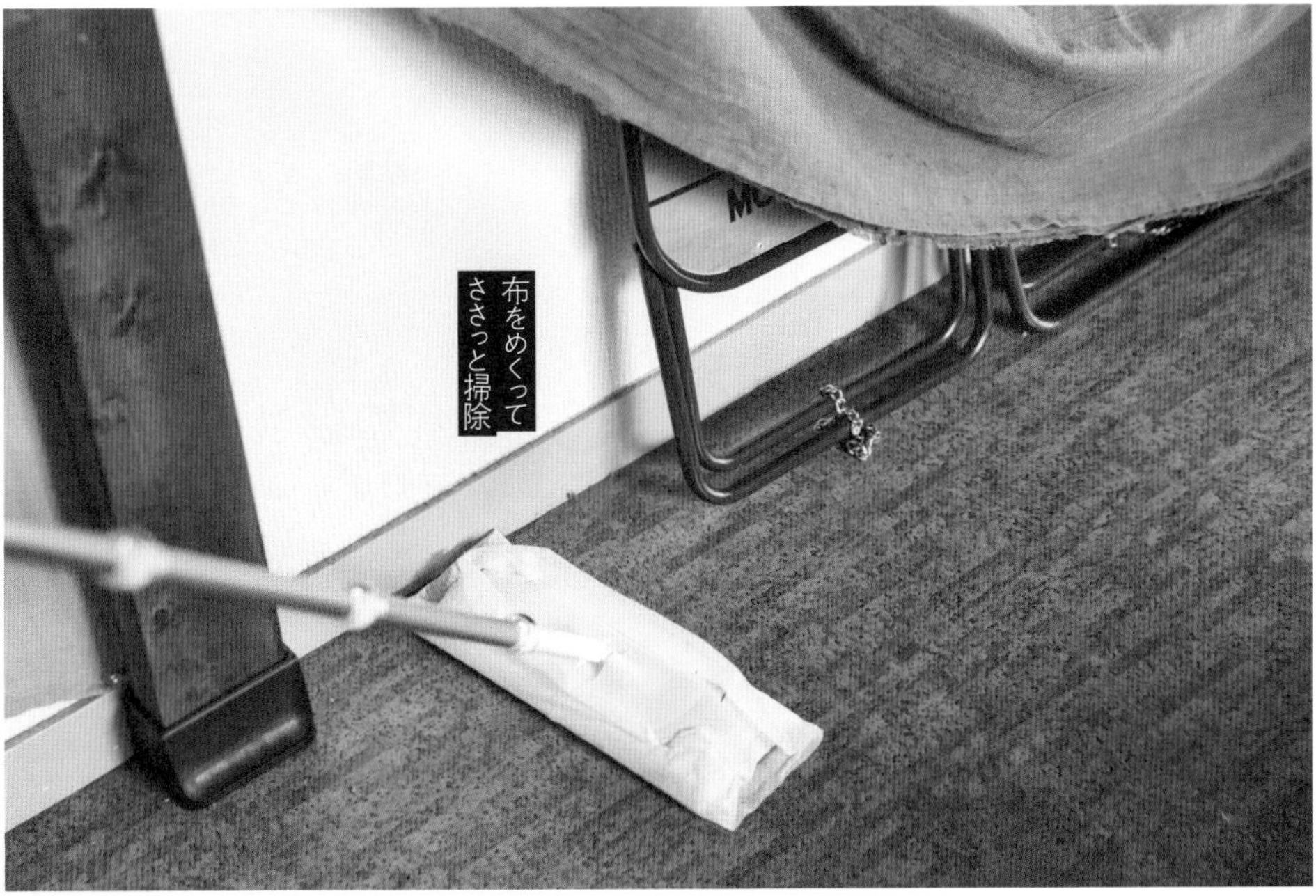

布をめくって
ささっと掃除

重い観葉植物は
手作りの台車の上に
掃除もスムーズです

部屋作りの原点は、子どものころの秘密基地作り

材料の購入とカットは
ホームセンターで

天井に穴をあけずに
柱を立てました

棚は、ステンレスアームの
棚受で固定

DIYで作った壁
自由に棚が増やせます

小学校1年生から4年生まで、毎日のように、秘密基地作りに没頭していました。

ダンボールをガムテープでつなぎ合わせ、床に壁、屋根やドアも作ります。満足いく基地ができたら、お菓子や漫画を持ち込みます。

気のおけない仲間たちとダラダラできるこの空間は、当時の僕にとって、まさにパラダイスでした。

基地作りにふさわしい場所の条件は大人に見つかりにくいこと。未踏の地を求めて、空き地を探検し、竹やぶの中を突き進み、野山を駆け回っていました。

基地の材料となるダンボールは、近所の園芸センターで調達します。手ごろなダンボールが

好きなものに囲まれて幸せ

放出されていないか、いつもダンボール置き場をチェックしていました。大きいサイズのダンボールを発見したときの嬉しさといったらありません。譲ってもらえるかどうか、ドキドキしながらお店の人と交渉したことを覚えています。

僕のユーチューブチャンネルの「OKUDAIRA BASE」という名前には、「僕の秘密基地」という意味が込められています。柱と壁を作り、棚を作りつけ、メンテナンスをする。好きな家具やキッチンツールを持ち込み、それを眺める。時に友人を招いてもてなす。こうした部屋作りは、秘密基地作りと同じだと思うのです。

僕はもしかしたら、幸せだった子ども時代のような人生を送っているのかもしれません。

キッチンの壁、テーブル、物置き台を自作

壁の向こうは玄関とユニットバス

自作のテーブルの内側にアンティークの食器棚を置いています

僕が1日のうちで一番多く時間を過ごす場所であり、一番好きな場所がキッチンです。

今の状態になるまでに、何度もＤＩＹを繰り返しました。家は賃貸アパートなので、すべて現状復帰できるようにしています。

一番大きなＤＩＹは、壁と柱を作ったこと。

まず、玄関からキッチンが丸見えなのが嫌だったので、玄関とキッチンの間に幅55cmほどのスペースをあけて壁を作りました。壁は、2×4の木材の両端に、ディアウォールをつけて柱とし、その間に3×6のＯＳＢ合板（木片をプレスした合板）を渡しています。

次に、もともとある壁を隠すように、同じく2×4の木材とＯＳＢ合板で新たに壁を作りま

した。これなら、元の壁を傷つけることなく、自由に加工することができます。

　僕は鍋やお皿の収納スペースがほしかったので、壁に棚を取り付けました。使い勝手に合わせて、棚をつけ変えたり、棚の位置を変更したりできるのがＤＩＹのいいところです。

シンクの高さに合わせて物置き台も制作

内側に木材をはめ込んだだけ　ＤＩＹ初心者にもおすすめ

　窓辺には、窓枠の内側にぐるりと木の板をはめ込み、吊りフックを打って、ものを吊るせるようにしました。木の板は窓枠の内寸ジャストサイズに切ってはめ込んだだけなので、窓枠は傷つけていません。

　キッチン中央にあるテーブルも自分で作ったもの。調理台兼ダイニングテーブルです。テーブルの下にはワイヤーを張って、洗ったふきんなどを干せるようにしています。

自分の中にぶれない軸を作りたい

1冊の本との出合い

今でこそ、自分のやりたいことがはっきりしていて、迷いなく楽しい日々を送っていますが、大学に入るまでは、やりたいことも人生の目標も見つからず、悶々としていました。大学に入学し、一人暮らしを始めてからは、暮らしの楽しさに目覚め、部屋作りに夢中になりました。インテリアを工夫したり、流木で家具を作ったりしているうちに、デザインの世界にひかれていきました。その年の夏には、「将来はデザインの道へ進みたい」と強く思うようになっていました。生まれて初めて、人生でやりたいこと、人生の目標に出合ったのです。

大学時代は、アルバイトをしてお金をため、月に1回くらいの頻度で、深夜バスに乗って東京に行っていました。インテリアショップや、国立新美術館や東京都美術館などの美術館、ギャラリーを巡っていました。

卒業後は、どこかの学校でデザインを学びたいと考えていた僕は、東京の情報に触れるにつれて、デザインを勉強するなら、やはり最先端の情報や感度の高い人たちが集まる東京の学校に行くべきだと考えるようになりました。

デザインといってもさまざまですが、僕が学びたかったのは、空間デザインやインテリアデザイン、家具デザイン、キッチンツールのデザインです。当時は自分でできる勉強として、デザインにまつわるいろいろな本を読んでいました。大学2年生のころでしょうか。運命を変える1冊に出合いました。建築家・谷尻誠さんの『1000%の建築』です。そこには、自分や世間が当たり前と思っているものの見方を変えることの大切さが書かれていました。僕はデザインの本質に触れた気がしました。

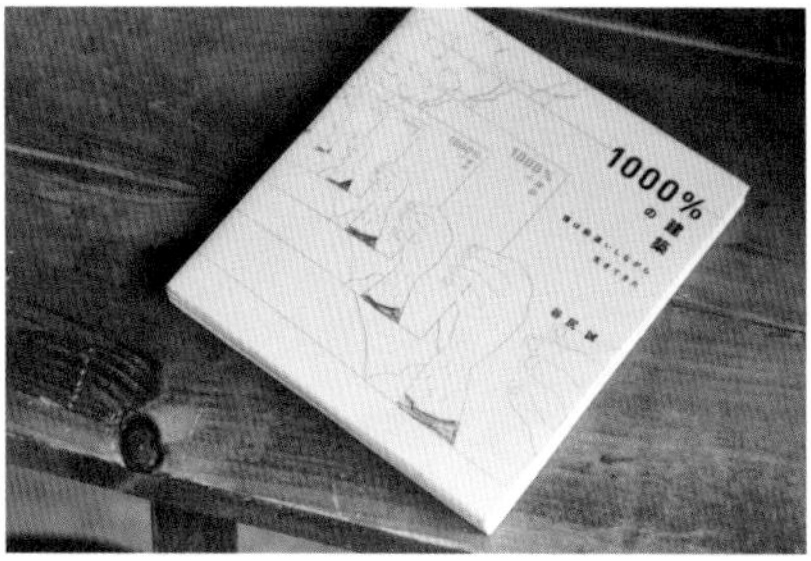

僕が求めているものはここにある

このころから、今の自分にはない、既存の考え方を打ち破る視点や思考方法を身につけたい、自分の軸となる考え方や哲学を追求したいと考えるようになりました。今、世の中で当たり前と思われている考え方とは別の視点、それに基づくスキルを身につけ、自分の中にぶれない軸ができたなら、将来どんな仕事をしようとも生きていける。そう思いました。

東京で、僕が求めていることを学べるような学校はどこにあるか。ネットでリサーチする日々が始まりました。ある学校のホームページに書かれていた「概念砕き」というキャッチコピーが目に留まりました。そこには、デザインの基礎能力として、既成概念に捉われずに対象を把握し、色や形や素材の可能性を探り、表現や発想の幅を広げることの重要性が書かれていました。ああ、まさに、僕が求めているものがここにあると確信しました。

その学校は、桑沢デザイン研究所でした。卒業生にプロフェッショナルとして活躍している人がたくさんいることも知りました。それは教育の質がよいことの証しだと思います。僕は夜間部デザイン専攻科のスペースデザインコースに入学することに決めました。

資格取得のための勉強

父からは、大学は卒業するように言われていたので、東京に行く前にできることを考えて、インテリアコーディネーターの資格を取ることにしました。書店でテキストや過去問を買い込み、1日最低でも4時間、試験間近には1日8時間、夢中になって勉強しました。高校時代ほとんど勉強しなかった僕は、人って明確な目的があるといくらでも頑張れるんだなと自分に感心しました。

準備万端で臨んだはずの試験は、まさかの不合格。合格にわずか1点足りませんでした。悔しくて、次の日からすぐに勉強再開です。今思うと、1回目の試験で落ちたのはすごくラッキーだったと思います。というのは、合計2年間みっちり勉強することで、家具や内装、ファブリックス、照明器具、住宅設備など、インテリア全般について深く理解することができたからです。翌年の受験で無事合格。今度はほぼ満点を取ることができました。この年、照明コンサルタントの資格も併せて取得しました。

東京でデザインの勉強をするということを、父が反対しなくなった理由の一つには、真剣に勉強している姿を見てくれていたこともあるかもしれません。

僕がこの家に出合うまで

実家に戻って、東京に行くための資金作り

大学3年になるとキャンパスの場所が変わり、実家からも通える距離になりました。このまま楽しい一人暮らしを続けるかどうかすごく迷ったのですが、卒業後、東京に行くためのお金を貯めるため、一度、実家に戻ることにしました。

大学時代は、ピザの宅配、家庭教師、リサイクルショップ、牛の餌作りなどさまざまなアルバイトを経験しました。リサイクルショップでは物の査定の知識や家具などの修理方法を学ぶことができました。家庭教師の仕事では、人にものを教えることの楽しさを知りました。牛の餌作りからは癒しをもらいました。ピザの宅配は、配達中になぜか森に迷い込んでしまい、仕事に慣れる間もなく、辞めざるを得ませんでした。

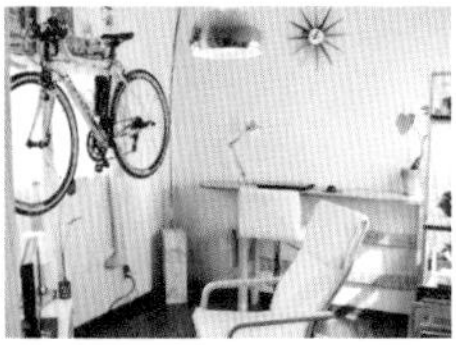

実家の部屋のインテリア

古着店をイメージして模様替え

いろいろな仕事をするなかで、自分はチームで仕事をすることには向いていないと気づきました。何か問題が発生すると、人に頼ってしまったり、場を乱したくないあまり我慢したりしてしまうのです。その結果、自分の頭で考えることを放棄し、思考停止してしまうのでした。そんな自分にストレスを感じて、自分の責任でできる仕事や、人間関係に束縛されない職場を選ぶようになりました。今、僕がフリーランスという働き方を選んでいる理由の一つには、このときの経験も影響していると思います。

さて、「実家に戻ったら、暮らしを楽しめないのでは？」と思う人もいるかもしれませんが、僕は思う存分部屋作りに没頭することができました。このころ、ちょうど弟が入れ替わるように家を出たので、個室がもらえたのです。実家にいた1年半は、資金作りのためのアルバイト、資格取得のための勉強、そして部屋作りに充てていました。

もし、今実家に住んでいて、将来一人暮らしをしたいと考えている人がいるとしたら、予行演習のつもりで、家事や部屋作りをどんどんやったほうがいいと思います。僕のように家族の分までこなしていれば、いざ一人暮らしを始めたときも、余力があるので、思い切り暮らしを楽しめるはずです。

卒業を待たずに東京へ

東京に遊びに行ったときは、高校時代からの親友の家に泊めてもらっていました。彼には高円寺や下北沢、吉祥寺などいろいろな街を案内してもらいました。中でも僕が気に入った街が吉祥寺。古着店のほか、カフェや雑貨店、商店街が充実していて、何より都会なのに緑が多いところが気に入りました。大学卒業後は東京のデザイン学校に進むことに決めていた僕は、何としてもこの街に住みたいと思い、ネットで物件を毎日検索するようになりました。そしてあるとき、ついに理想の家に出合ったのです。

吉祥寺までは自転車で約10分、１ＤＫの間取りで家賃は4万8千円。築年数は古いけれど、角部屋の1階で小さなベランダがついていて、日当たりもよさそう。今住んでいるのがその家です。1日も早く東京に出たかったので、大学4年の前期までに卒業に必要な単位はすべて取り、4年の秋には引っ越すつもりでした。それでもあと1年あります。さすがに1年先に引っ越すつもりの家を借りるわけにはいかず、自分の中で、絶対にこの家と住むんだと心に決めただけでした。

それからは、誰かに借りられてしまわないか毎日ネットで物件の更新情報を確認したり、間取り図に家具を書き込んだり、東京へ行くたびにアパートの周りを歩き回ったりしていました。近所を散歩しながら、将来ここが自分の住む街になるんだと思うと、居ても立ってもいられなくなりました。

この部屋にこの光がなかったら

外観はそれなりに年月を感じさせますし、最寄り駅からも少し距離があるので、他の人から見たら素敵な家ではないかもしれません。でも僕には、自分の夢をそのまま形にしたような家でした。念願叶って秋に入居が決まったときの嬉しさは言葉では言い表せません。単位はそのときまでに取り終わっていたので、卒業式のときだけ数日帰ることにして、すぐに引っ越すことにしました。

住んでみて気づいたのが、この家の光の素晴らしさです。ベランダは南向きで、向かいに大きな建物がないので、日当たりは抜群です。リビングにはもう一つ窓があり、ここからも光がきれいに差し込みます。キッチンには目線の高さに窓があるので、料理や洗い物をしながら、刻々と表情を変える光にいつも見とれています。

この部屋にこの光がなかったら、今のように暮らしを動画に撮りユーチューブで発信することも、もしかしたらなかったかもしれません。それくらいこの部屋の光は美しい。

収納ボックスを二つ重ねて食卓に

収納ボックスには書類などを入れています

我が家のリビングは約10畳あります。うち1畳分をワーキングスペースとして使い、部屋の隅にはベッドを置いているので、リビングスペースとして使っているのは実質7畳くらいでしょうか。

ごはんを食べたり、友人とおしゃべりしたり、一人でくつろぐための場所です。

主な家具としては、ビンテージのソファと、金属製の古い収納ボックスを二つ置いています。

収納ボックスは二つ重ねて、食卓として使用。以前は、アウトドア用の折り畳みテーブルを使っていましたが、収納ボックスのほうがコンパクトで場所を取らないのでこちらに入れ替えました。収納ボックスは部屋の真ん中にあって目につきやすいので、上には物を置かず、常にスッキリした状態を保つようにしています。

人が大勢来たときは、収納ボックスを1段にして横に二つ並べるか、壁際に置いているアウトドア用のテーブルを広げて使います。

リビングには他に、ビンテージの鏡、ごみ箱、ＤＩＹで作ったハンガーラック、観葉植物を置いています。

キッチンと同じく、リビング

スペースの壁もOSB合板で新たに作りました。

本当は、壁の全面を合板で覆いたかったのですが、そうすると、押入れの扉が開閉できなくなるので、合板で覆うのは壁の右側3分の2ほどにし、左側の3分の1は布を張ることにしました。元の白い壁のままにせず、壁と同系色の布を張っているのは、部屋全体に統一感を持たせるためです。

新しい壁には自由に棚を取り付けられるので、物が増えても安心です。今のところ、その必要はなさそうですが。

壁の下、床から40cmにはあえて合板は渡さず、柱だけにし、狭い収納スペースになっています。ここにはアウトドア用の椅子を収納しつつ、グレーの布で目隠ししています。

壁の下は布でカバーし細い収納スペースに

柱の先にはディアウォール 壁や天井を傷つけません

DIYの壁は全面にはせず一部を布張りに

物選びは暮らしの醍醐味であり、ライフデザインである

物選びで大切にしていること

よく勘違いされるのですが、僕は「効率よく暮らすこと」を目指しているわけではありません。物に関しても「持ち物は必要最小限」といったストイックな発想はありません。むしろ、料理や掃除、暮らし全般が楽しくなるなら、積極的に取り入れたいと思っています。優れた機能と美しいデザインを持つ道具は、暮らしを楽しくしてくれるに違いないからです。

物自体が好きなのはもちろんですが、物を選ぶ過程も大好きです。僕が衝動買いをしないのは、物を買うまでのリサーチこそが、暮らしの醍醐味だと思っているからです。

何か欲しい物が出てきたら、まずそれが本当に自分の生活に必要かどうかをシュミレーションします。これが家にあったらどんな暮らしになるだろうと想像してみて、楽しそうに使っている自分の姿が具体的に見えるかどうかが物を買うときの基準です。

暮らしに取り入れると決めたら、リサーチを始めます。ネットで細かい機能や一番安い価格、レビューなどを収集・分析します。

リサーチの結果、欲しい物が高くて買えないこともあります。でも、そこに至るまでの調査や分析を楽しんでいるので、物が手に入らなくてもがっかりはしません。徹底的にリサーチすることで身についた情報や知識は、必ず今後の生活や仕事にいかすことができると思うからです。また、いろいろな物に真剣に向き合うことは、感性を磨くトレーニングにもなります。

時には、あれにしようかこれにしようかと迷っているうちに、お目当ての物が売り切れてしまうこともあります。特にネットオークションではよく経験しました。僕は、物とは縁があって巡り合うものだと思っているので、そのとき手に入らなければあっさり諦めることにしています。縁がないのにしつこく追ってもいいことはありません。

欲しい物を手に入れるために、計画的に貯金することもあります。目的のある貯金は、物が手に入るまでの時間をワクワクしたものにしてくれます。

ネットのリサーチ以外で僕が大切にしているのが、信頼しているお店に足を運び、直接店員さんに聞くことです。

僕には、青果店や古着のお店など、何軒か信頼するお店が

木製の物にはぬくもりがあります

あります。そういうお店の店員さんは単なる販売員ではなく、その道のプロフェッショナル。おすすめの品や、活用法などについて詳しく教えてくれます。

僕がよく通っているお店に「だいどこ道具 ツチキリ」があります。吉祥寺にあるキッチンツール専門店で、店主の土切敬子さんが自宅の一部を改築してお店にしています。店内にある物は、土切さんが実際に使ってみてよいと判断した物ばかり。それぞれの商品について、メリット、デメリット、どんなライフスタイルに合うのかなどを丁寧に教えてくれます。我が家にあるキッチンツールの多くは、ツチキリさんで買ったものです。

物選びは生き方をデザインすること

大げさかもしれませんが、物を選ぶことは、自分の価値基準を明確にしておかなければできないことだと思います。今自分が何を求めているのか、何が好きなのか嫌いなのか、何を心地よいと感じるのかなど、自分の内なる声に耳を澄ませ、自分自身と真剣に向き合う必要があります。

その作業は自ずと、自分がどう生きていきたいのかというライフデザインにつながります。全力で物を選ぶことで、僕は生き方をデザインしているのだと思います。

七つのフライパンを使いこなす

僕のキッチンにはフライパンが七つあります。「持っているだけで、全部使っているわけではないよね？」と思われるかもしれませんが、ちゃんと用途に合わせて使い分けています。どれも吟味して選んだ品ばかり。僕が選んだ理由や機能をご紹介します。

1「スキレット」。直径14.5cmの小ぶりな鉄のフライパンです。キャンプに持っていける手ごろなサイズを探していたので購入しました。朝ごはんにダッチベイビーを作るときにもよく使います。さびないようにオイルを塗って手入れをしています。

2 ドイツのメーカー・フィスラーの「ステンレスフライパン」です。丈夫で錆びにくく、一生使えるフライパンとして購入しました。保温効果が高いのが特徴です。肉を焼いたり、炒め物をしたり、オムライスを作ったりします。これで作る牛乳たっぷりのスクランブルエッグは絶品です。

しっかり熱してから、やや多めのオリーブオイルをひいて、一気に卵液を流し入れ、手早くかき混ぜると焦げつかずふんわりと仕上がります。洗うときは、表面が傷つかないようにやわらかいスポンジを使います。

3 リバーライトの極ジャパンシリーズの一つ。直径26cmの鉄製の「炒め鍋」です。7年前、一人暮らしを始めてから、自分のお金で初めて買った調理器具です。実際に手に取って選びたくて、2時間かけて名古屋まで買いに行った思い出の品です。持ち手の部分が木製なので、ミトンなどを使わずに料理できるのが気に入っています。底が深いので中華鍋代わりとしても活用しています。

4 プロのシェフもよく使っているアカオアルミのDONシリーズの「アルミフライパン」。パスタをよく食べる僕には欠かせないフライパンです。アルミ素材で温まりやすく、水分が早く蒸発するので、パスタソースを作るときに、水と油をうまく乳化させることができます。直径27cmと23cmの大小二つを持っています。

5 フランス製・ビジョンの「ガラスフライパン」。直径18cm。学生時代、アルバイト先のリサイクルショップで一目惚れして、

換気扇の内側に
S字フックをかけて収納

東京に引っ越すときに、購入。僕にとっては新生活の象徴のようなフライパンです。ガラス素材なのでオーブン調理にも使えます。デザインがいいので、このまま食卓に出すことも。意外と保温性が高く、金属製ブラシでゴシゴシ洗っても傷つかないのもポイント。

6 デンマークの老舗ブランド、スキャンパンのctxシリーズの「フライパン」。直径27cm。フッ素樹脂加工です。鮭や豚バラ肉を油を使わずさっぱり料理したいときに使います。他のフッ素樹脂加工のフライパンに比べると、少し高いのですが、表面の加工が剥がれてしまい数回買い換えている身からすると、これは10年保証つきなのでコストパフォーマンスはよいと思います。

どの鍋もレギュラーメンバーです

鍋についても「そんなに必要？」と思われるかもしれません。でも料理好きの僕にとって、それぞれの料理に適した鍋を選ぶことは大切なこと。鍋を使い分けることで、料理は間違いなくおいしくなります。

僕の愛用している鍋は八つあります。

1 岩鋳の「すき焼き鍋」。直径22cm、深さ13cmの鉄鍋です。すき焼きを作りたくて購入しました。ガスコンロの上に置くと、まるで囲炉裏のような雰囲気になり、使うたびにうっとりします。杉の木でできたふたの香りもたまりません。このふたから適度に蒸気を逃してくれます。他にラタトゥイユやカレー、シチューもこの鍋で作ります。

2 BONIQの低温調理専用鍋「深型キャセロール」。直径22cm、高さ15cm。鶏の胸肉がしっとり仕上がるのに衝撃を受けて、すっかり低温調理にはまってしまいました。我が家のもてなし料理の定番調理器具です。

3 柳宗理の「ステンレス片手鍋」。直径18cm。僕が一番気に入っている鍋です。鍋の口が楕円形で、注ぎ口が左右についているのが特徴です。ふたを少しずらすだけで隙間ができるので、蒸気を逃したり、湯切りしたりするのに便利です。僕は右利きですが、左利きの人でも快適に使えると思います。鍋の縁が反り返っているので、汁物を器に注ぐときに、液体が鍋づたいに垂れてしまうことがありません。

手にフィットするように、持ち手は微妙にカーブしています。持ち手の先にリングがついているのも僕にとってはポイント。このおかげで、僕の好きな「かけて収納」ができるからです。柳宗理は憧れのデザイナーです。いつか僕も、彼のような、きちんと生活をしている人にしか作れない機能性と美しいフォルムを両立させたキッチンツールを作りたいと思っています。

4 ル・クルーゼの「シグニチャーココット・ロンド」。直径16.5cm。東京に引っ越してくるときに母が譲ってくれました。玉ねぎを丸ごと煮たスープなどをよく作ります。

5 直径24cmの行平鍋。これも母が譲ってくれたものです。一番使っている鍋かもしれません。だしをとったり、あんこを煮たり、パスタを茹でたりしています。アルミなので火の通りが早いです。最近、電気ケトルを処分したので、お茶を淹《い》れる用に、小さな行平鍋をもう一つ買おうか迷っています。

よく使う二つはかけて収納

6 ストウブのピコ・ココットシリーズ、「ラウンドブラック」です。直径20cm。カレーやシチューを多めに作るときなどに使います。友人たちとのキャンプに持っていくこともあります。

7 フランス製・ビジョンの「ソースパン」。直径16.5cm。もっぱらジャムを煮るときに使っています。透明なので、ふたを閉めた状態でも火の入り加減がわかるのがいいところです。

8 長谷園の「かまどさん」。2合用。僕の生活に欠かせない炊飯鍋です。詳しくはP38で語っています。

吟味しているはずなのに、不用品が出てくる不思議

役目を終えたので
このざるは処分決定

僕は乾電池一つ、ペン1本に至るまで、自分が持っている物を把握しています。自分の家のどこに何があるか、引き出しの中から、押入れの隅々まで、すべて頭の中に入っています。

我が家に物を迎え入れるときは、丹念に下調べをし、吟味に吟味を重ね、本当に自分が必要としているものだけを選びます。それなのに、不用品が出て来てしまうのはなぜなのか。

月に1〜2回、不用品チェックをしています。家の中を掃除しながら、要らないかなと思うものは、「不用品箱」に入れていきます。それはキッチンツールだったり、洋服だったり、本だったりします。いきなり捨ててしまわないのは、生活空間から外して暮らしてみて、やっぱり要らないと確信してから処分したいからです。洋服なんかは「やっぱりまだ着るかも」と復活させることもあります。不用品の処分方法は、売るか人に譲るか捨てるかの三択です。

不用品チェックをすると、なぜか模様替えをしたくなったり、収納方法を変えたくなったりします。この前は、観葉植物の後ろに隠していた掃除道具を、クローゼットの中に吊るす収納方法に変えました。これにより、部屋の中が一層すっきりしました。不用品チェックは「暮らしの新陳代謝」を促すようです。

さて、僕なりに、不用品が出る理由を考えてみたのですが、それは、同じように毎日を過ご

しているように見えても、少しずつライフスタイルが変化しているからではないでしょうか。物を手に入れたときは、今の生活にはこれが絶対必要と思い、実際、暮らしの中で役立っていたのですが、時がたつにつれて、もう必要がなくなったり、別の物に買い替えたりして、その役目を終える。自分が変化しているからこそ、不用品が生まれるのだと思います。

不用品チェックと整理整頓の作業を終えると、すっきりして気持ちが前向きになります。この家の中にあるものは、どんな小さなものも僕にとって必要不可欠で、大切なものばかりだと改めて確認できるからかもしれません。我が家にますます愛着が湧いて、暮らしや仕事に対して新たな気持ちでスタートが切れるのです。

不用品箱は普段はクローゼットにしまっています。クローゼットの中も、物で一杯にならないように気をつけています。空間に余裕がないと、心の余裕もなくなるからです。不用品をチェックするタイミングでクローゼットの中や、その上の天袋を整理しています。

クローゼットにワイヤーを渡してハンガーラックとしています

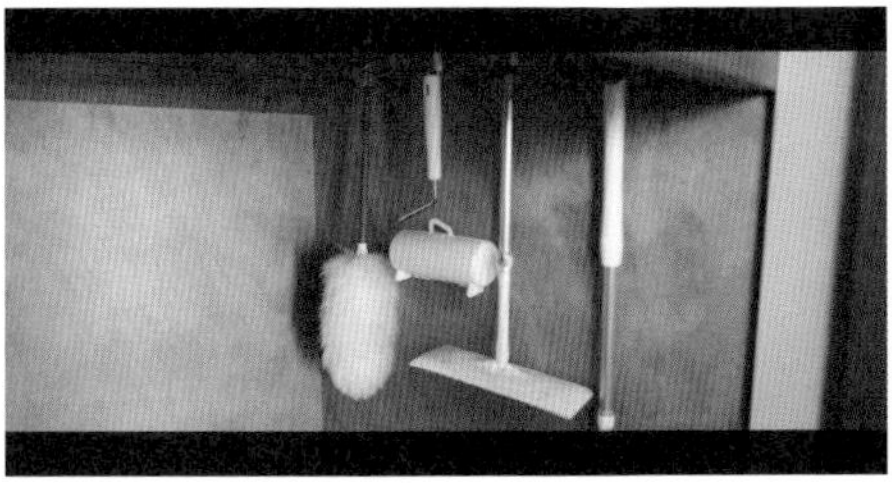

掃除機は場所を取るので持っていません

普段見えない場所も整頓されてないと落ち着かない

修理、手入れをして長く使い続ける

部品を組み直し金づちで調整します

時を積み重ねている古い物には、現代の大量生産品には見られない精度の高さや、人の手で丁寧に作られたぬくもりがあります。

僕はリサイクルショップや古道具店が好きでよく足を運びます。仕事で使っているロッキングチェアや、リビングに置いているソファは、そうしたお店で手に入れたものです。

古いものは状態がいいものを選んでも、作られてから年月がたっているだけに、壊れやすいものです。使っていて壊れてしまっても、すぐに処分したり買い替えたりはしません。できる範囲で修繕して使い続けるようにしています。

ロッキングチェアは、大学生のときに、アルバイト先のリサイクルショップで買ったもの。店内に置いてあるのを誰かに買われないか、アルバイト代が入るまで、毎日ドキドキしながら見つめていました。ついに我が家に迎え入れられたときは、胸

元通りになりました

家具のツヤ出しに使うクリームで磨きます

が熱くなりました。嬉しくて1日中揺られていたものです。

何年も問題なく座れていたのですが、先日ついに脚の部分が壊れてしまいました。処分するかどうか迷ったのですが、できることはやってみようと自分で修理することに。脚の接合部を分解し、やすりで磨いて整え、

頬ずりしたくなるくらいスベスベに

再度ねじで固定。無事、元通りの姿になりました。全体を磨き上げたら、壊れる前よりきれいになった気がします。

ソファはカリモクのビンテージです。買ったときは全体が汚れていたのですが、クッションを外してほこりを払い、木のフレームを磨き上げてツヤを出したことで、いい佇まいになりました。

修理したりメンテナンスしたりするのが好きです。今使っている牛革の財布は1か月に一度、ミツロウクリームを塗ってツヤ出しをしています。古いものであれ新しいものであれ、質がいいものは手入れをすれば長く使うことができます。使えば使うほど、趣が生まれ、その分愛しくなります。

特にお気に入りの洋服たち

手作りのラック、ビンテージのハンガー、古着、機能性

僕の頭の中には、いつも欲しい物の欲しい形が明確にあります。たとえば、机や椅子、ハンガーラック。まずは自分の理想に近いものを探しますが、見つからないときや、見つかったとしても予算が合わないときは、できるだけ自分で作るようにしています。

ハンガーラックもそうやって作ったものの一つ。高さは自分の身長に合わせ、持っている服の枚数や厚みから横幅を決めました。ポイントは、下にボトムスを置けるスペースを作ったこと。大学3年生のときに弟に手伝ってもらって作ったものですが、気に入って今も使い続けています。

ラックにかけている木製のハンガーはビンテージ。元々クリーニング店で使われていたものです。木をまるごとくりぬいて作られているので、継ぎ目がなく、使っていて生地がひっかかることがありません。手触りがいいので、服を掛けたり外したりするたびに、いいなあと溜息が出ます。

18歳から22歳まで、服や靴を買いまくっていました。少しでもいいなと思ったものは、すぐに買っていたので、クローゼットは常にパンパンでした。服にお金をたくさんかけてきた分、自分の好みや、自分に似合う形、素材や機能の良しあしがわかるようになりました。

洋服は古着や機能性が高いものを好んでよく着ています。古着は単に古いから好きというわけではなく、生地や縫製の質がよいものが多くあるからです。きちんと手入れをすれば古着は長持ちするので、実はコストパフォーマンスも高いのです。

古着を扱うリサイクルショップでアルバイトをしていた経験から、自分の買い物をするときも、人気のブランドか、最近流行の形か、価値のあるビンテージものかなど、つい査定目線で選んでしまいます。

古着とは真逆ですが、新素材を使ったものなど、機能性の高い服も好きです。たとえば、UNITED TOKYOの黒いパンツは、宇宙服にも使われているアウトラストという素材で作られています。パンツの中の温度を感知し、常に快適な状態に調整してくれる優れもので、

弟に手伝ってもらって作ったラック
もう5年も使っています

1年中愛用しています。

同じく、UNITED TOKYOのベージュのシャツは洗ってもシワにならず、速乾性のある素材で作られています。これも好きで1年中着ています。

アウトドアブランド、ARCTERYXのマウンテンパーカーは、軽くて防水機能が高いので、ちょっとした雨なら傘をささなくてもへっちゃらです。生地が破れたら、メーカーにリペアをお願いできるのも嬉しいところです。

なお、夏に着るTシャツは汗染みがついたり、よれたりしやすいので、シーズンの初めに5枚買って、シーズンが終わったら処分するルールにしています。夏物は手ごろな価格でシンプルな形のものを選ぶことが多いです。

休日は火曜日と水曜日と決めています

お気に入りの公園。菜の花がきれい

勤め人の友人と会うときはやはり土日

遠くまで来てしまった

休日は週に2日、火曜日と水曜日と決めています。ウィンドウショピングやカフェ探索をしたり、美術館や映画館に行ったり、川沿いをサイクリングしたり、一人キャンプを楽しんだりしています。どこかに出掛けた帰り道、見知らぬ町で見つけた銭湯にふらっと入ることもあります。

僕の場合、休日は仕事のことをすべて忘れているかといえば、そういうわけにはいきません。頭のどこかでは、常に今やっている仕事、これからやるべき仕事のことを考えています。

暮らしの発信も、企業用の動画制作も、キッチンツールのデザインやコーヒーの開発も、すべて好きでやっていることばかり。だから、完全な休日がなくてしんどい、というようなことはないのです。

どこかに出掛けたら、ついカメラを回してしまうのはユーチューバーのさが。外に出かけた休みの日は、美しい風景をカメラにおさめたくなってしまいます。

一人キャンプの魅力は「不便さ」

旅の足はパナソニックの「クロモリロードバイク」

休みの日に、一人でふらっとキャンプに行くことがあります。テント、寝袋、着替え、調理道具など必要な荷物を自転車に積んで、いざ出発。行き先は奥多摩や富士山方面などが多いです。

　キャンプ地に着いたら、まずはテントを張って寝床作り。それから、薪を拾い、水を汲んで、焚《た》き火をおこし、食事の準備をします。一人なので、もちろん手伝ってくれる人はいません。

主なキャンプ道具一式

これらを自転車に積みます

KONNIXのバッグをセットして

　普段の生活でもそうなのですが、僕は「ちょっとした不便さ」が好きなんです。いつもとは勝手が違う料理、洗い物、後片付け、寝心地を楽しみます。焚き火をぼんやり眺めたり、挽き立てのコーヒーを飲んだり、辺りを散策したりして、自然を満喫して帰ります。

ベランダおやつとエスプレッソ

オーブンを新しくしてから、念願だったお菓子作りを始めました。よく作っているのは、チーズケーキ、シュークリーム、焼きプリン、甘いパンなど。失敗することもありますが、レシピ通りに作れば、意外とおいしくできるものです。

ベランダに最近猫が来るようになった

いい香りだ

アウトドアでも活躍するコーヒーミル

愛用のエスプレッソセット

子どものころは、よく母がおやつを作ってくれました。最近は、動画を観た母からアドバイスされたり、逆にレシピを聞かれたりして、おやつの情報交換をしています。こんなふうに母とおやつのレシピについて語り合う日が来るなんて夢にも思いませんでした。

おやつのお供は、エスプレッソです。コーヒーにはまるにつれてより豆の味をダイレクトに味わいたくて、濃いめのエスプレッソを淹《い》れるようになりました。

道具はアレッシィの「プルチーナエスプレッソポット」を使っています。ポットに水と挽《ひ》いた豆を入れて火にかけると、やがて、茶色の液体がポコポコとわき出てきます。ポットのふたを開けてその様子を観察したり、

美味しくて
2ピースも食べてしまう

音に耳を澄ませるのも楽しいひととき。

おやつタイムは仕事の合間の20分ほど。天気のいい日はベランダに腰かけてひと休みしています。

ポコポコいってきた
こぼさないようにそっと

季節の手仕事、始めました

最近はまっているのが、ドライフルーツや赤じそジュース作り。簡単にできる季節の手仕事です。ほぼ家にこもって仕事をしているので、家にいながら少しでも季節を感じられたらと思い、始めました。

ドライフルーツは、旬で安くなっている果物を薄切りにし、100℃に予熱したオーブンで1時間ローストします。

最初は、体にいいおやつが欲しくてお店に買いに行ったのですが、お店で売られているドライフルーツはどれも高く、それなら自分で作ってみようと思い、挑戦してみました。

赤じそジュース作りは、行きつけの青果店に大量の赤じそが売られていたのがきっかけです。

自家製赤じそジュース。クエン酸たっぷりで夏バテ防止になります

薄く切った果物をまとめてオーブンへ

砂糖ゼロ、無添加の自家製ドライフルーツの出来上がり

商品についていたレシピにしたがって作ってみたところ、おいしいジュースができました。

ソーダ割りにするとさらにおいしくなることを発見。これから夏の手仕事の定番にしたいと思います。

夜の時間

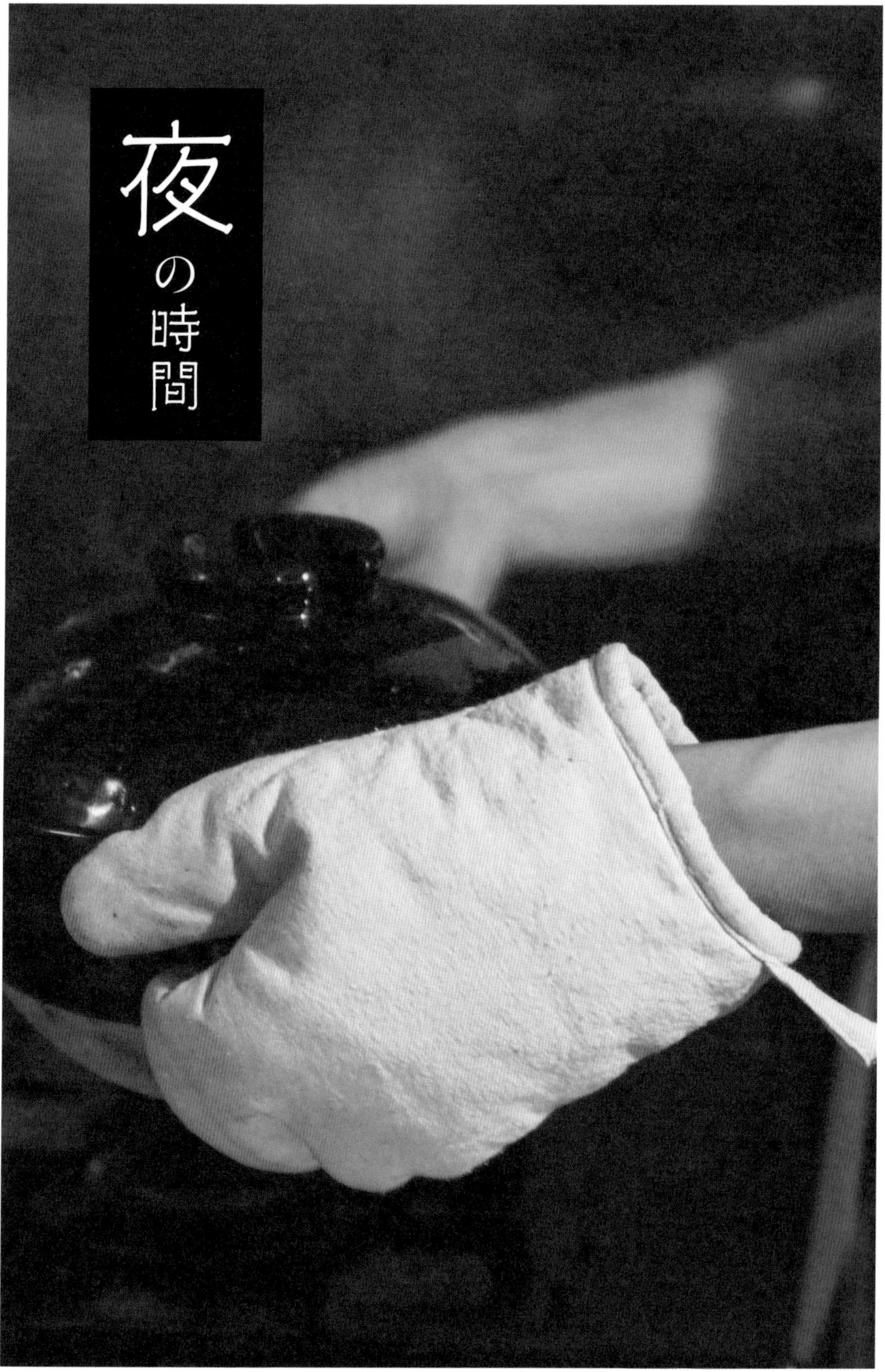

ランニングと夕食作り、ときどき一人居酒屋

夕方のやわらかい光が道具たちを照らします

仕事を切り上げるのはいつも17時ごろ。そのころには窓から差し込む光が弱くなり、部屋の中が陰ってきます。

仕事を終えると、普段着からランニングウェアに着替え、外に走りにいきます。走りながら、今日の夕飯は何にしようか考え、帰りに青果店やスーパーに寄ります。

帰宅後、シャワーで汗を流したら、バナナスムージーをごくっと一杯。

19時ごろから夕食作りを始めます。朝食と同じように、1時間くらいかけて作ります。

仕事がひと段落して、「今日はお酒でも飲みながらゆっくりするぞ」と思う日には、2時間ほどかけて、つまみとビールを

バナナと牛乳にはちみつを少し

ミキサーに投入

バナナスムージーをワイングラスに入れて

今日は、喉が渇いたのでシャワーの前に

楽しむこともあります。つまみを作りながら飲み、つまみがなくなったら、また台所に行って作って飲む。気分がのったときは、うどんを手打ちしたり、いかをさばいて焼いたりすることも。週に1回ほど、こうした「一人居酒屋」を楽しんでいます。

　夕食を終えてから寝る前の時間は、ＳＮＳをチェックしたり、時間があれば映画を観たりします。あんこを煮たり、ジャムを作ったり、次の日のおやつのためにケーキを作ったりすることもあります。

　ベッドに入るのは22時くらい。寝る前に忘れてならないのが、明日の朝ごはんの下準備です。和食の気分なら米とだし昆布を水につけておき、洋食の気分ならホームベーカリーをセットして寝ます。

靴は7足。でもコレクションの趣味はありません

靴が浮いて見えると言われたシューズラック

最近、靴の整理をしました。今、持っている靴は全部で7足。物を持たないようにしているわりには多いと思われるかもしれません。コレクションの趣味はないので、それぞれ目的に合わせて履き分けています。

普段、履いているのはナイキの靴。普段履きはもう2足持っていたのですが、定例の不用品チェック（P72）であまり履いていないことに気づいて手放しました。結局は、一番気に入っているものばかり履いてしまうので、それ以外は不要と判断したのです。

それから、月に2～3回参加しているフットサル用の内履きと外履き。ランニング用の靴と、週2回くらい行く体育館のジム用の靴があります。

スーツ用のドレスシューズとサンダルも持っています。

サンダルはSHAKAというブランドで、オールシーズン愛用しています。近所に行くときはさっと足を入れるだけで済みますし、ベルトを締めると長い距離でも歩けます。クッションの具合がよく、足が疲れないの

夏はほとんどこれ

で、台湾やタイに旅行に行ったときは、これ1足で通しました。

玄関は、畳半畳分もない狭さなので、靴を置くスペースがありません。そこで、壁に収納できるように、ＤＩＹでシューズラックを作りました。壁の両端に木材を立て、その間にワイヤーを2本渡しました。靴はワイヤーの上に載せることになります。ワイヤーにしたのは、スペースが足りなかったのと、ほこりが下に落ちるので掃除がラクだからです。見た目よりは安定しています。

玄関周りのＤＩＹがもう一つ。玄関とキッチンの間に壁を作りました。玄関からキッチンが丸見えなのが嫌で目隠し用に作ったものです。棚受けにフックをかけて、コートやバッグをかけられるようにしています。

合板の裏側もかっこいいので
そのままに

鍋にピザにスパゲッティ、煮付けに燻製も

夕食には鍋をよく作ります。肉や魚、野菜をたっぷり入れた鍋は、ひと鍋でたんぱく質も食物繊維もとれるので、夏も含めて1年中作っています。特に、鶏胸肉と利尻昆布のだしで作る鶏塩鍋は絶品です。

僕はとにかく料理が好きなので、夕食もいろいろなものを作ります。

粉を練るところからピザを作ったり、パスタマシンで生パスタを作ってスパゲッティにしたり、手作りのホワイトソースでグラタンを作ったり。魚をさばいて煮付けやお造りを楽しむこともあれば、アウトドア用の小さな燻製機でチーズや肉の燻製を作ることもあります。

「動画撮影のために、あえて手

鶏胸肉と利尻昆布のだしをベースに

野菜を切ります

うん、いい具合に火が通っている

完成です

夕食はやや控えめの分量に

の込んだものを作っているのですか？」と質問されることも多いのですが、僕は、動画のために何かを企画することはありません。なぜなら、〃ありのままの自分〃を出すことが暮らしの配信にはとても大切なことだと思っているからです。1日のやるべきことを終え、夕食作りに没頭できるこの時間が好きなので、動画の撮影があってもなくても、僕の夕食作りはいつもこんな感じです。

　疲れて夕食を作る気になれないときや、あまりおなかがすいていないときは、パイナップルやヨーグルトで済ませることもあります。

　なお、夕食は気の向くままに作りたいので、材料をまとめ買いしたり、おかずを作り置きしたりはしていません。

我が家の夕食コレクション

メニュー1

鶏の唐揚げ
小松菜の塩ゆで
しらたきのスープ
ごはん
ビール

肉に大葉を巻いて揚げてみました。さっぱりした味わいに。ビールとよく合います

メニュー2

さんまときのこの
土鍋炊き込みごはん
大根の葉のおかかあえ
大根のみそ煮
ビール

栄養豊富な旬の食材を積極的に食べるようにしています

メニュー3

きのこと鶏肉の茶碗《わん》蒸し
厚揚げの煮物
きのこと青菜のみそ汁
納豆
緑茶

どうしても茶碗蒸しが食べたくなって初挑戦。あとは簡素なものにしました。こんな日もよくあります

メニュー4

スパイスカレー
グリーンサラダ
ビール

新大久保でスパイスを購入し、夕食にスパイスカレーを作りました。スパイスカレー、最近はまっています

メニュー5

トマトカレー
手作りナン
パイナップル
ビール

フライパンでナン作り。夏バテ防止のため、カレーには野菜をたっぷりと

メニュー6

親子丼
ピリ辛なす
山盛りきのこのみそ汁
ビール

土鍋で炊いたほかほかのごはんに、ふわふわの卵でとじた親子丼。朝から、この日は親子丼と決めていました

メニュー7

ハンバーグ
水菜のサラダ
大根葉と大根のスープ

家庭料理らしい食卓に。自家製手ごねハンバーグはケチャップでいただきます

メニュー8

海老としいたけと
さつまいもの天ぷら
大根の煮物
油揚げときのこと
ねぎのみそ汁

天ぷらは小さな鍋で揚げました。思ったよりサクサクになりました

棚に置いた器から選ぶ

器と料理。人生二度目の陶芸教室

料理は作るだけじゃなく、器選びや盛り付けも楽しみの一つ。料理ができたら、器をテーブルに並べて、どれに盛ろうか考えます。逆にこの器に盛り付けたいからこの料理を作る、ということもあります。

僕が器選びや盛り付けのときに気をつけていることは、食材と器の色とのバランスです。たとえば鮭を盛り付けるなら、赤みのある鮭とは反対色である青系の器を選びます。黒みがかった秋刀魚なら白ベースの器を選びます。

器の大きさは、食材に対して二回りくらい大きく、余白が生まれるものを選ぶと、自分の作った料理がワンランクアップする気がします。

う〜ん、どれにしようかな

器好きが高じて1年前から、陶芸教室に通い始めました。僕は、作りたい器の形がはっきりしていたので、最初から好きに作らせてくれる教室を探しました。やっと出合ったのが今の教室で、30代の陶芸作家の先生に教わっています。

平皿や陶器のフライパンなど、初心者には難しいものにいきな

ろくろをまわしていると無心になれる

マンガン釉で仕上げた黒くてマットな器

今まで作ってきた器たち。どれもいい顔してるなぁ

りチャレンジするので、当然のことながら失敗します。でも先生は、温かく見守りながら何度も挑戦させてくれます。今の先生に出会えていなかったら、ここまで続くことはありませんでした。

陶芸教室に通うのは、人生で二度目。一度目は、子どものころ、母に連れられて通っていた近所の陶芸教室でした。僕が料理や器が好きなのは母譲りですが、六人分の家事や炊事、子育てをしながら、お菓子やパンも手作り、そのうえ子どもの手を引いて陶芸教室で器作りにいそしんでいたなんて、母のバイタリティには感服せざるを得ません。

陶芸をやっているときは、ひたすら目の前のことに集中しています。固さが均一になるように粘土をこねる。手びねりで塊を指で押し伸ばしていく。または、ろくろに載せて形を整えたり、たたら板（板状の土）に薄く伸ばして成形したりする。

こうした作業に一心不乱に打ち込んでいると、しだいに無の境地になります。思えば、この感覚は、家事に没頭しているときと似ているかもしれません。

僕のデザイン修業時代

桑沢デザイン研究所の日々

22歳から2年間、デザインの専門学校である桑沢デザイン研究所に通っていました。ここで学んだことは、それからの僕の生き方のコアとなっています。デザイン、ものの考え方、仕事に対する姿勢、暮らし方、物選びの基準など、あらゆる面で影響を受けました。

1年生のときに受けた、建築家・大松俊紀先生の授業では「引き算」を教わりました。

ある授業で、縦６ｍ×横６ｍの大きさの家を設計するという課題が出されました。かなりの狭小住宅です。

僕は自分なりに考えて設計した模型を提出したのですが、結果はボロボロ。

この柱はなぜここにあるのか、なぜここに窓を設置したのか、日照時間と光が入ってくる方角は考えたのか、なぜリビングをここに配置したのか、どんな家族がどんなライフスタイルで、何を求めて住む家なのかなど、設計の一つひとつの意味について、大松先生には徹底的に問われました。それらの問いに僕はほとんど答えることができなかったのです。自分では渾身の作品を作って提出したつもりでしたが、いかに「なんとなく」で作っていたか思い知らされました。先生には、一つひとつに意味を持たせること、無駄を省くことなどを厳しく指導されました。

それまでの僕は、インテリアは装飾だと思っていたので、設計することとは何かを足していくことだと考えていました。もちろん設計は「足し算」の部分も多いにあるのですが、「引き算」の考え方を取り入れることで、新しいものが生まれると知りました。課題に追われ時間も体力もきつい日々でしたが、新しい視点が自分の中に生まれるのを実感していました。

部屋のインテリアにも変化が

無駄を省く思考を心掛けるようになってから、部屋のインテリアや物選びの意識も変わっていきました。引っ越してきたばかりのころは、所狭しとかわいらしい雑貨を置いていました。キッチンは〝森の中〟のイメージで作り、天井からはドライフラワーを吊るし、ガラスのオブジェを飾っていました。リビングはアメリカのガレージ風に、壁にはホットドッグが描かれたブリキの看板を飾っていました。

そのころの部屋作りは、「足し算」方式でした。自分がいいなと思ったものをどんどん足していくので、自然と物は増え、部屋の統一感もありませんでした。それが、授業を受けるにつれて、より簡素で単純なものになっていきました。極力物を置かないようにして、物を買うにしても、箸置き一つから乾電池1本に至るまで、これは本当に必要なのか?と熟考するようになりました。部屋作りも「引き算」で行うようになったのです。

卒業制作で優秀賞を受賞

2年生になると、デザイナーの篠崎隆先生の授業を受けました。後期にはデザイン実習があって、その中から、卒業作品展に展示される作品が選ばれます。実習ではテーマが与えられ、それに沿って作品作りをすることになっていました。

ある実習で与えられたテーマは、数字の「3」。僕はまず「3」について調べることから始めました。インスタントラーメンは3分でできる、三味線の弦は3本、この世界は三次元でできている、三人称、三角関係――。この世は「3」という数字であふれています。「3」について調べ思考していくうちに「3」は、囲みが生まれる数字であることに気づきました。例えば棒2本だけでは囲みは作れませんが、3本あれば三角形が作れます。また、人は囲みの中にいることによって安心感を得ることができます。「3」について考えると同時に、素材についても考えを巡らせました。人間は昔から木に囲まれて暮らしてきました。直接木を触ったり、近くに木の存在を感じることによって安らぎを得てきたのではないか――。

これらの発想から、3本の木の棒を使った椅子を制作することにしました。三角形の座面の頂点から、長い木の棒が伸びているデザインで、座ると木に囲まれているような感覚を味わうことができます。棒に寄りかかったり、服をかけたりすることもできます。作品名は「T(h)ree chair」。

卒業作品展には、この作品が展示されることになりました。卒業作品展の作品は、先生やゲスト審査員によって審査され、優れた作品には優秀賞が授与されます。「T(h)ree chair」は、その年の優秀賞に選ばれました。夜間部からの選出は1名だけ。2年間コツコツやってきたことが実を結んだ瞬間でした。大松先生、篠崎先生を始め、東京行きを許可してくれた両親にも感謝の気持ちでいっぱいでした。

さて、在学中は、先に述べた『100%の建築』の谷尻誠先生がゲスト講師としていらっしゃいました。僕はもちろん授業に出席しましたが、〝ガチファン〟だったので、緊張して先生の姿をチラチラ見ることしかできず、直接気持ちを伝えることはできませんでした。

いつもより少し念入りに掃除

好きなものを作って食べる。いつもと同じように

いい1日、いい1年の予感

「普通っていいな」25歳の誕生日の過ごし方

２０１９年4月21日に25歳になりました。この日の様子を撮影した動画をユーチューブにアップしたところ、好評で視聴者の方からたくさんのメッセージをいただきました。今でもこの日の動画について、よくコメントをいただきます。

誕生日。いつものように朝5時に起きて朝食を作ります。この日は、前日から弟が泊まりに来ていました。グリルで祖父から送られてきたあまごを焼き、エノキ、ネギ、油揚げのみそ汁を作ります。小松菜を茹でて冷やし、ざく切りにしてあえものに。山芋はハンドブレンダーにかけて、とろろにしました。

弟が、母からの誕生日プレゼントを持ってきてくれました。中皿、小皿、ムツゴロウの形をした箸置きを1組ずつ。さっそく使わせてもらいます。料理をお皿に盛り、弟にリビングに運んでもらいました。ソファーで横並びになり、一緒に朝食を食べます。

実家に戻る弟を送り出したあと、ベランダに出て洗濯ものを干し、鏡を磨いて、ムシカリの水を取り替えました。外は春の陽気です。おやつには、いちご大福にしんしろ茶をいただきました。祖父が和菓子店をやっているので、昔から和菓

ケーキもいいけど大福もね

彩りが何となく春っぽい

ソースはバルサミコ酢とはちみつの配分がポイント

子が好きなのです。

夕方になると、食材の買い出しに。夕食は、なすとトマトの冷製パスタと、鶏胸肉のソテー。なすをゆで、鶏胸肉をしめじと一緒にソテーします。ソースは、バルサミコ酢とはちみつとバターを煮立たせて。どちらの料理もカーラの白い皿に盛り付けます。新しいミルで、黒コショウを上から挽いて完成です。一人でバースデーディナーを楽しみました。

いつものように家事を楽しみ、空を眺め、おいしいごはんとおやつを食べただけの1日でした。特別なことは何もせず、淡々と、でも楽しそうに誕生日を過ごす様子が、多くの人の心に残ったようです。

視聴者の方からのコメントの中に「普通っていいもんだな」というものがありました。それを読んだとき、僕もまさしく「普通っていいな」と思いながら、この日を過ごしていたと思いました。誕生日だから何かをしようとか、反対に、意識して、いつもと同じふうに過ごそうとか思っていたわけでもありません。特に深く考えずに、自分の好きなように1日を過ごしただけでした。

暮らしの楽しさをたくさんの人と共有できたこの日、日々の暮らしをユーチューブで発信してきてよかったと、改めて思いました。いい1年になるに違いない。そう確信した25歳の誕生日でした。

客人を手料理でもてなす。これ以上ない幸せ

我が家には、人がよく訪ねてきます。

地元・愛知にいる家族や、高校、大学時代の友人たち、都内に住んでいる専門学校時代の友人たちです。

人が遊びに来ても、外に飲みに行くことはほとんどなく、大抵僕が家で料理を作って、みんなにふるまうことになります。「レストラン・OKUDAIRA BASE」の開店です。一人で料理をして食べるのももちろん好きですが、だれかのために料理を作り、それを食べてもらう楽しさに比べたら、とてもかないません。大切な人たちを手料理でもてなす。世の中にこれ以上幸せなことってないんじゃないかな。

人が喜ぶ顔が見たい

みんな大好き
ソーセージとピーマンのピザ

この仕上がり！
そっとボードにのせて

早く、熱々のうちに
食べてほしい

みんなで
いただきま～す！

実家を出て一人暮らしを始めたのは18歳のとき。当時住んでいた家の周りには、学生が気軽に集まれるようなカフェやレストランがなかったので、友人たちは自然と僕の家に集まるようになりました。

家事や料理が好きになっていた僕は、今よりもずっとつたなかったけれど、料理を作っては遊びに来た友人たちに振る舞うのが楽しみでした。みんな褒め上手のおだて上手だったので、すっかりのせられて、今度はあれを作ろう、これを作ったらもっと喜ばれるかなと、もてなしメニューをいろいろ考案しました。「案外、人を喜ばせることが好きなんだ」と、自分の新たな一面を発見しました。

自家製ピザでもてなすのが、今の我が家の定番です。

オーブンがオープンする暮らしの会話

ベイクドチーズケーキとラタトゥイユが喜ばれました

友人とのひとときを撮影中

自然とキッチンに人が集まってきます

　家でお店で食べるような本格的なピザを焼くのが夢でした。そこで、専門学校時代に思い切って高機能オーブンを購入。東芝の「石窯ドーム：ER-SD3000」です。価格は7万円くらい。家賃よりも高い買い物でした。

　300℃の高火力ですばやく焼けるため、ピザ生地の水分を逃さず、表面はぱりっと、でも中はふっくらと焼き上がります。庫内の天井が石窯のようにアーチ状になっているので、熱対流がうまく起こり、焼きムラもありません。ピザなら一度に4枚焼くことができます。すっきりしたデザインも僕の好みでした。

　これならお店みたいなピザが焼ける、友人たちがたくさん集まっても待たせることなく、焼き立てのピザが提供できる、そんな想像をしてワクワクしました。

　オーブンを買って、予想外に嬉しかったのが、オーブンで作ったピザやケーキや料理を食べた友人たちが、ピザの作り方や調理器具に興味を持ってくれたことです。おいしいものを食べながら、学生時代の思い出や今の仕事のことやスポーツのことを話すのも楽しいですが、やっぱり僕は、暮らしについて話をしているときが一番楽しいし、暮らしの楽しさに共感してくれる人が増えることが何より嬉しいです。

テレビを置かなくなった理由

　今、僕の家にはテレビがありません。東京に来てしばらくしてから処分し、それからはずっとテレビのない生活です。

　大学生のとき、いつものように友人たちが遊びに来ました。当時は家にテレビがあったので、テレビをつけっぱなしにしてみんなでお酒を飲んでいました。何の番組かは忘れてしまいましたが、ふと気づくと、みんなはテレビに集中していました。話題もその番組のことが中心で、お互い目を合わせず、画面に向かってしゃべっていました。僕は、大学やバイトのこと、または、しょうもない世間話とかをしたかったのに、何か寂しいな、何のために集まったんだろうと思いました。

　振り返ってみると、自分が一人でいるときも、何となくテレビを観ている時間が多いことに気づきました。観たい番組や知りたい情報があるなど、何か目的があってテレビを観るならいいと思うのですが、ただ習慣でつけているだけだと、知らない間に時間を奪われてしまう気がします。

　テレビを処分すると、自由な時間が増えました。料理やＤＩＹの時間が増えたのはもちろん、サイクリングやフットサルも復活、時間がないと思って諦めていた陶芸教室や、行きたかった一人キャンプも始めることができました。今、僕に趣味が多いのは、テレビを手離したからかもしれません。

テレビよりも楽しいことが増えました

奥平家のお正月

これは夏に集まったときの様子。お正月も大体こんな感じです

僕のお正月の過ごし方は毎年ほぼ同じ。年末に帰省し、実家でのんびりします。新年の挨拶に、家族みんなで父方の祖父母の家を訪問し、幼いころからずっと変わらないおせちを食べ、親戚一同集まって記念写真を撮ります。母方の祖父母とは、山の上にある寺に一緒に初詣に行きます。

僕が東京へ戻るときは、家族全員で東京に遊びに来るのが、奥平家の恒例行事。東京見物をして、息子の暮らしぶりを確認し、我が家に一泊してから帰ります。

夜は、10畳のリビングに家族六人で雑魚寝です。父と僕がベッドに互い違いに寝て、母はソファ、弟たち三人は床に寝袋で寝ます。

次の日の朝は、僕が六人分の朝食を作ります。和食にすることが多く、いつものようにだしをひいてみそ汁を作り、土鍋でごはんを炊きます。魚を焼き、青菜を茹でます。

父には「旅館のようだ」と言われます。母は、「へえ、こんなの作れるんだ」という感じで食べながら、材料や作り方について質問してきます。弟たちはいつも淡々と食べています。どう思っているのやら。

去年から兄弟四人全員が社会人になったので、この恒例行事は難しくなりそうです。

母とその友だち、弟とその彼女

この間、嬉しいことがありました。母が実家の近所の方々を連れて遊びに来てくれたのです。部屋に入るなり、ＤＩＹで作った壁を触ったり、キッチンツールを観察したり、ソファの座り心地を試したりしていました。僕は、小さいころお世話になった恩返しも込めて、アボカドとじゃがいものピザ2枚と、ベイクドチーズケーキを作りました。皆さんすごく喜んでくれて、こんな機会をくれた母にも感謝です。

この日、父は、運転手兼、カメラマン兼、コーヒー担当。黙々と作業する父の様子がおかしかったです。

子どものころの話をされると照れくさい

しょっぱい卵焼きから少しは成長したかな

それから2週間後。

今度は、三番目の弟が彼女を連れてやって来ました。普段二人は地元で暮らしていて、東京に遊びに来るついでに寄ったみたいです。長兄としては、張り切らないわけにはいきません。昼食に、粉からバンズを作り、ブラックオリーブを入れたハンバーグをこね、バンズにハンバーグ、トマト、アボカドをのせて、ハンバーガーを作りました。デザートは、レアチーズケーキとカフェオレ。

無口な弟が、「店で食べるよりおいしい」と褒めてくれました。弟の彼女にも好評でした。またいつでも遊びに来てほしい。

弟をよろしく、という気持ちでおもてなし

お店よりおいしいと言ってくれたケーキ

大学生、一人暮らしの仕事と家計簿

奨学金3万円とバイト代5万円でやりくり

２０１３年の春、晴れて大学に合格した僕は、愛知県の美浜町という海のそばにある小さな田舎町で、念願の一人暮らしを始めました。初めて借りたアパートの部屋は、リビング８畳＋キッチンの１Ｋ。築年数はおよそ20年、家賃は２万６千円でした。

奨学金を申し込み、月に3万円借りられることになりました。家賃は奨学金でまかない、生活費はアルバイトをして稼ぐことにしました。最初にしたアルバイトは、駐車場整備の仕事。短期で時給は９００円くらいでした。周りは年配のおじさんばかりで、あまり話も合わなかったので、継続することなく2週間で終わりました。

次はピザの宅配です。時給は同じく９００円。ピザ好きが高じて始めたのですが、僕は道に迷うことが多く、ほかの人より宅配に時間がかかってしまいました。まさかの方向音痴だったのです。自分には向いていないと思い、1か月で断念しました。業務をするうえでは特に問題ありませんでしたが、どうも自分より立場が上の人がいると、その人に頼ってしまい、思考することを放棄してしまうのでした。仕事で工夫をすることもなく、ただ言われたことをこなすだけのロボットのようになっていました。そんな自分にストレスを感じるようになり、自分はチームワークには向いていないとはっきり悟りました。

牛の餌作りと家庭教師

2年生になってからは、牛の餌作りと家庭教師を始めました。

牛の餌作りでは、社員さんと二人で、おからととうもろこしを大きな機械でミックスし、１ｔずつ袋詰めにしていきます。機械で袋を運び、空地に並べます。時給は１０００円。淡々とした仕事でしたが、野原と広い空に囲まれて、牛を眺めながらたまにぼーっとできるこの仕事は、僕の性に合っていました。

家庭教師の仕事では、中学1年生の男の子に5教科を教えていました。人に教えることが楽しく、その子の成績もグングン伸びました。学年で最下位だった理科の成績は、３か月間で20位以内になりました。点数を取る喜びを知った彼は、その後も成績を伸ばし続けました。僕はご家族に、うな重をごちそうになったり、ボジョレー・ヌーヴォーをいただいたりと、とてもよくしていただきました。最初は90分４０００円でしたが、成績が上がり、最終的には授業の回数が増えて収入も上がりました。

この２つの仕事を経験してわかったことは、自分に向いている仕事をやるべきだ、ということでした。

実家に戻って貯金

大学３年生になり、実家から通える場所にキャンパスが移ったので、一人暮らしをやめて実家に戻ることにしました。家賃や生活費の負担はなくなりましたが、大学卒業後は東京のデザイン学校に進学しようと思っていたので、貯金をするために、またアルバイトに精を出すことになりました。

今度は、家具やカメラ、古着などの中古品を扱うリサイクルショップの仕事です。時給は８５０円。ここで身につけた、物の良しあしや、時代の流行を見極める査定知識は、その後の物選びの基礎になりました。

人との出会いにも恵まれました。常連客のカワイさんからは、レコードから自動車まで、ビンテージに関する知識や物語を教わりました。３歳年上の副店長、ナイトウさんとは、一緒にサイクリングやスケボーをしたり、洋服を買いに行ったり、ナイトウさんの部屋の改装をしたりとプライベートでもよく遊びました。僕にとってのお兄さん的存在で、ナイトウさんの「かっこいい」や「楽しい」に徹底してこだわる生き方に影響されました。

結局、実家に戻ってから東京に行くまでにためたお金は、40万円。１年半、遊びや買い物もそこそこ楽しみながら、月２〜３万円程度を貯金することができました。なお、実家に戻ってからは、将来の返済額のことを考えて奨学金は辞退しています。

大学生時代の家計簿

収入

奨学金	30,000円	
アルバイト代	50,000円	

支出

住居費	26,000円	(1K)
通信費	10,000円	(スマートフォン)
水道光熱費	8,000円	
食費	12,000円	(ほとんど自炊。お弁当も持参)
日用品費	5,000円	
交通費	3,000円	
交際費	10,000円	
美容費	3,000円	(ヘアカット)
雑費	3,000円	
合計	80,000円	

デザイン専門学生、一人暮らしの仕事と家計簿

貯金20万円からのスタート

大学卒業を待たず、大学4年生の11月に東京に引っ越してきました。家は、他の人に取られたくないという強い気持ちから、慎重派の僕にしては珍しく内見もせずに決めてしまいました。

新居に持ってきたのは、洋服に自作のハンガーラック、冷蔵庫、ロッキングチェア、キッチンツール。実家の車に詰め込み、父と一緒に愛知から東京の新居に運び込みました。新しく購入したものはベッドと1万円の電子レンジくらいです。実家で貯めた40万円のうち、敷金、礼金、引っ越し費用に20万円ほどかかったので、新生活は、貯金20万円でスタートです。今から考えると、もう少しためてから来てもよかったかなと思いますが、当時はとにかく早く東京に来たくてたまりませんでした。

このときはまだ、専門学校の入学試験も受けていませんでした。11月に面接試験を控えていたのですが、そのときの僕は、もう受かる気満々でした。自分に自信があったというより、自分の未来を信じ切っていたのだと思います。

学校が始まるまでＤＩＹざんまい

アルバイトは、地元で働いていたリサイクルショップの東京支店で働くことになりました。時給は９００円。

学校が始まる4月までの6か月間、週4ペースで働いていました。月収にすると10万円弱くらいです。家賃が4万8千円ですから、残りの5万2千円で、食費、水道光熱費、通信費をまかなわなければなりません。月によっては2万円くらい赤字になることもあります。そのときは貯金の20万円を切り崩していました。

仕事以外の時間は、ＤＩＹに明け暮れていました。ホームセンターに行っては木材を購入、カットしてもらい、壁や棚、作業台や机を作りました。今振り返ると、赤字が出ていた一番の原因は、ＤＩＹにかかる費用だったと思います。

青果店でスカウトされる

面接試験を無事パスし、4月に専門学校に入学することができました。このときはまた、奨学金を借りることにしまし

た。金額は月に5万円。ちょうど家賃分です。
学校が始まると、新たに交通費や、課題のための材料費がかかることになりました。家賃以外の生活費は、合計で7万円ほど必要でした。勉強や課題制作に集中したかったので、時間の融通が利く短期のアルバイトに切り替えることにしました。

夜間部に通っていたので、働く時間は主に昼間。当時よくやっていたのは、パソコンの設定などをするキッティングというバイトです。パソコンの各種設定とソフトウェアのインストールを行い、すぐ業務で使える状態にするのです。半日程度の時間で、日給は8千５００円ほどになりました。勉強優先で、仕事は週2日程度に抑えました。

もう一つ面白いアルバイトも経験しました。家の近所にある青果店での仕事です。ここには、ハヤトウリやコールラビ、バターナッツかぼちゃなど、珍しい野菜が並んでいました。

買い物に寄るたびに、それらを興味深そうに手に取っていたら、店長さんと仲よくなり、そのうち「うちで働かないか」とスカウトされました。2年生の春から秋にかけて、約半年間働かせてもらいました。課題の制作で忙しくなったので、辞めてしまいましたが、野菜やお客さんと触れ合う日々はとても充実していました。

節約というほどではありませんが、外食は極力控え、学校には自分で作ったお弁当を持参していました。僕がよく作っていたのは、スパイスカレー弁当。汁もれしないよう、ごはんとごはんの間にカレーをサンドした特製弁当です。

お金がなくてつらい思いをしたことはありません。ある課題を制作する際、庭を表現するための芝生が必要になったことがありました。普通は模型店などに売られているもので作るのですが、僕は１００円ショップで芝生を見つけ、それで代用しました。このときばかりは、先生から、「もうちょっとちゃんとした物を買いなさい」と言われ、「そりゃそうだ」と反省しました。

デザイン専門学生時代の家計簿

収入

奨学金	50,000円	
アルバイト代	70,000円	

支出

住居費	48,000円	(1DK)
通信費	4,000円	(スマートフォン)
水道光熱費	10,000円	
食費	15,000円	(ほとんど自炊。お弁当も持参)
日用品費	5,000円	
交通費	4,000円	
交際費	10,000円	(たまの友人との食事代など)
美容費	3,000円	(ヘアカット)
雑費	3,000円	
課題材料費	10,000円	
合計	112,000円	

月15万円で、快適に暮らす

ウーバーイーツを始める

２０１９年2月、もうすぐ専門学校も卒業です。この2年間は、とにかく課題に追われていたので、卒業してしばらくは家のＤＩＹと暮らしを楽しもうと決めていました。このころ、既にユーチューブを始めていましたが、仕事になるとは思っておらず、趣味で暮らしの様子を発信していました。

最低いくらあれば自分は楽しく暮らしていけるのか。家賃が4万8千円、通信費、奨学金の返済、保険、税金などを加えて固定費が９万円。それに、食費、水道光熱費、ヘアカット代などを加えると、毎月15万円ほどかかることになります。つまり月に15万円あれば、暮らしを楽しみながら自分のペースで生きていける。そう思いました。

卒業後も、できるだけ時間の融通が利く短期のアルバイトを選びました。学生時代から続けていた、パソコンを設定するキッティングに加え、新たにウーバーイーツの仕事を始めました。

大好きな自転車で東京を走り回り、お金も稼げるなんて楽しそうだし、人間関係に気を遣う必要もなさそうです。いざ仕事を始めてみると、これが楽しくて仕方ありません。お金は日給にすると、平均で1万2千円になりました。週に4日程度働けば十分やっていけるレベルです。僕は、キッティングとウーバーイーツの２本立てで、生活を成り立たせることにしました。

いきなり10万回再生の大ヒット

卒業制作の発表を終えてからわずか3日後、これから社会人生活が始まろうとするまさにそのとき、僕の人生を変える出来事が起こります。

先に述べたように、このころには既にユーチューブに動画をアップしていました。ＤＩＹで壁やテーブルを作る様子、リビングやキッチンの紹介、出汁からとるみそ汁の作り方、一人キャンプなどです。

ある日、いつものように動画をアップしたところ、瞬く間に視聴回数が10万回を突破しました。それまでの視聴回数は、せいぜい１００回くらいだったので、最初は何が起こったのかわかりませんでした。

それは、〝「一人暮らしの日常」１日の暮らし。〟という動画でした。朝起きて、朝食を作って食べ、写真の編集をして、サボテンに水をやり、花瓶の水を取り替える。昼には、家に遊びに来た友人とピザを食べ、一緒に吉祥寺に出掛ける。夕食には鍋と手羽元料理を作って食べ、インスタグラムのコメントをチェックして、眠りにつく。何気ない1日の過ごし方を記録したものです。男の一人暮らしで、3食自炊していることや、花瓶の水を取り替えていることが珍しかったのかもしれません。動画の編集や音楽を工夫していたので、動画そのものを楽しんでくれた人も多かったのかもしれません。

いつだって15万円で生きていける

このときの体験から、動画を配信することによって収入を得られるかもしれないと思うようになりました。アドセンスに登録し、1か月ほどで審査に通りました。

ユーチューブから収入が得られるようになってからも、もちろんアルバイトは続けていました。動画がヒットしてから3か月ほどしたころ、ユーチューブの収入と、ユーチューブを見てオファーしてくれた企業の動画制作からの収入によって、何とか暮らしていけるようになりました。

収入は増えましたが、僕の暮らしそのものは何も変わっていません。今も3食自炊ですし、家の中で楽しんでいるのでお金を使うことがあまりないのです。

お金を管理するために、銀行の口座は二つ持っています。企業からの報酬が振り込まれる仕事用の口座と、そこから、月始めに15万円を振り込む生活用の口座です。

15万円の口座を作ったのは、使った分、お金がどんどん減るのがわかるからです。旅行や大きな買い物などでまとまった金額が必要なときは、仕事用の口座から引き出します。

今はありがたいことに、2〜3か月に一度、旅行に行ったり、好きな鍋を買ったりすることができますが、フリーランスですから、いつ収入がなくなるかはわかりません。

だからこの口座を見ては、「自分はいつだって15万円で生きていけるんだ」ということを確認しています。

月15万円の家計簿

支出		
住居費	48,000円	(1DK)
通信費	4,000円	
国民年金保険料	16,000円	
税金	7,000円	
奨学金(返済)	15,000円	
水道光熱費	9,000円	
食費	15,000円	
日用品費	10,000円	
交通費	5,000円	
交際費	15,000円	(映画のチケット代や友人との外食)
美容費	3,000円	(ヘアカット)
雑費	3,000円	
合計	150,000円	

将来のこと、収入の不安、専業主夫、結婚

「将来に不安は感じないんですか？」

ユーチューブの動画を観た視聴者の皆さんから、毎日たくさんのコメントをいただきます。中でも多いのが、「将来に不安は感じないんですか？」という質問。自分もフリーランスとして働きたい、ユーチューバーになりたい、でも、保証がないのでなかなか踏み切れないという人もいらっしゃいました。

僕は、今のところ将来に不安を感じていません。

未来にはいいことも悪いことも起こるに決まっているので、今から考えてもあまり意味がないと思うからです。

いつも目の前のやってみたいことで頭がいっぱいで、将来のことに思いをはせる余裕がないのかもしれません。僕が将来に不安を感じるとしたら、それは目標や夢中になれるものがないときかもしれません。

高校時代は僕も不安でした。ろくに勉強もせず、家では最低限の手伝いを嫌々こなし、毎日ダラダラした生活を送っていました。今思い返しても憂鬱になります。進路を考えるときになって、「一人暮らしをしたい」という強い思いが生まれました。それからは、その思いを実現するために、毎日勉強を頑張り、家族を説得し、大学に入学することができました。小さな目標を持ったことで、不安も迷いもなくなりました。

いざというときの働き方

お金の管理についてもよく質問されます。いわゆる財テクはしていませんし、定期預金も契約していません。仕事の報酬が振り込まれる口座に入っているお金と、生活用に取り分けている口座に入っているお金がすべてです。

僕は、はっきりした目標がないと頑張れない性格で、たとえば、自動車を買いたいとか、家を建てたいという目標があれば別ですが、今のところどちらも興味はないので、積極的に貯金したり、お金を増やそうとは思っていません。ただ、5年後くらいに奨学金を完済できたらいいなとは思っています。

フリーランスで仕事をしたり、ユーチューバーとして収益を得たりするのは、確かにどちらも不安定で、ある日突然大きく収入がなくなる可能性があります。万が一そうなったと

したら……。想像してみましたが、やっぱり僕の生活は今と変わらないなと思います。

今まで通り、朝5時に起きて、だしをとってみそ汁を作り、土鍋でごはんを炊くでしょう。押入れの中をごそごそ掃除して、疲れたら近所の公園へ散歩に出かけ、季節の花を愛でながら、持参した水筒に入れたコーヒーを飲んでいるはずです。そんな日々をユーチューブにアップしては、暮らしってこんなに楽しいよ、と発信し続けていると思います。

僕が将来に対して不安を感じないもう一つの理由は、お金をかけなくても暮らしを楽しめるからだと思います。自分が楽しく暮らすために必要な金額は月に15万円、と具体的に把握しているので、いざとなれば、また週4日アルバイトをすればいいやと思っています。

ただ、今僕がこんなふうに思えるのは、僕が健康で、独身で、自分の面倒だけみればいいという環境にあるからだということは、忘れないようにしています。

「専業主夫になりたいんですか？」

「家事が好きな奥平さんは、将来、専業主夫になりたいんですか？」。そんな質問もよくいただきます。僕の答えは「どちらでもいい」です。相手の方が望むなら、そういう選択をしてもいいと思います。でも、もし専業主夫になったとしても、やっぱり僕の暮らしは変わらないと思います。

僕は、自分にとって大切なものがはっきりしているので、僕の生き方を無理に変えようとする人とは長くは続かないと思いますし、反対に、今の僕の生き方を見て、好きになってくれる人とは、いいご縁なのではないかと思うのです。

じゃ将来、もしも子どもができたとしたら……。そのときは、今の暮らしのままというわけにはいかないでしょう。暮らし方は当然変わるはず。でも、考え方や生き方は変わらないのではないかなと思っています。

自分の欲望に忠実に。僕の夜遊び

食感を残したいから大きめに切った

今回は軽くブレンド

この鍋の番をする時間が楽しい

1週間で食べ切ってしまいそうだ

夕食の後片づけを終え、あとは着替えて寝るだけとなったとき、ふと、明日の朝はジャムつきパンを食べようと思い立ちました。でも肝心のジャムにするりんごがありません。

それからは居ても立ってもいられず、アウターを羽織って、りんごを買いに走ります。家に帰って、すぐにジャム作りを開始。りんごの甘い香りを嗅ぎながら、無心に皮をむき、細かく刻みます。ミキサーにかけ、ジャム専用のガラスの小鍋に移し、コトコトと煮込みます。

アクが出てきたら取り除き、焦げてしまわないようにときどき混ぜます。明日の朝食のことを考えたり、スマートフォンで動画のコメントを読んだりしながら、夜にジャムを煮ているこの時間は、僕にとって最高のリラックスタイム。お酒が好きな人の「寝る前の一杯」と同じようなものかもしれません。

無事ジャムが完成したところで、今日の夜遊びは終了。明日の朝、このジャムをパンにつけて頬張る様子を想像してベッドに入ります。

僕のジャム作りのコツは、砂糖を果物の半分以上入れること、煮るときにレモンを小さじ1入れることです。いちご、柿など、どの果物でも同じです。

りんごジャムのレシピ

［材料］りんご500g、きび砂糖250g以上、レモン果汁小さじ1

［作り方］皮をむき細かく切ったりんごをミキサーにかける。小鍋に移し、レモン果汁小さじ1を振り入れ、アクを取りながら弱火で約40分煮る。

ジャムの種類と作った日付のラベルを

さて、僕の料理に欠かせないのが、ハイパワーブレンダーの「バイタミックス」です。ジャム作りのほか、スープにケーキにスムージーと大活躍しています。果物や野菜のフレッシュな香りはそのままに、熱に弱い栄養は壊さず、なめらかにブレンドしてくれます。

ジャム作りでは、生の果実を数秒撹拌するだけで、加熱する時間を短縮することができます。

夏になると毎日のように、これでアイスクリームを作っています。お気に入りはバナナアイス。氷、ビスケット、はちみつ、バナナを適量入れて60秒回すだけで、ヘルシーなアイスクリームの完成です。30秒回せば、シャリシャリしたシャーベットに。安くはない買い物でしたが、思い切って購入してよかったです。

愛しの小倉トースト

　ジャムつきパンと並び、定期的に食べたい衝動に駆《か》られる食べ物が、小倉トーストです。家に小豆がなければ、夜でもスーパーに買いに走ります。

　小豆をひと晩水につけておき、朝起きたらすぐにあんこ作りに取りかかります。

　焼きたてのトーストにバターを塗り、できたてのあんこをたっぷりのせる。そして、少し苦めのコーヒーと一緒にいただきます。

　あんこは冷蔵庫で1週間は保存できますが、作るとついおやつにも食べてしまうせいか、いつも3～4日でなくなってしまいます。無性に小倉トーストを食べたくなるのは、僕が愛知出身だからでしょうか。

朝からあんこ作り。早くトーストにのせて食べたい

バターをたっぷりつけてガブリ

たくさん作りすぎてしまった

小倉あんのレシピ

［材料］乾燥小豆２００g、きび砂糖２５０g

［作り方］小豆を水にひと晩つける。水を切り鍋に入れる。小豆がかぶるくらい水を入れ、中火にかけて煮立たせたら一度湯を捨てる。鍋に戻して、再び小豆がかぶるくらいまで水を入れ、中火にかける。沸騰したら弱火にし、アクを取りながら1時間半ほど煮る。ざるにあげて湯切りする。鍋に戻し弱火にかけ、砂糖をふり入れる。潰れないように、焦げないように、砂糖が溶けるまでそっと混ぜ合わせる。

トントントン、ザクッザクッ。暮らしの中の音楽

僕は、家で音楽をかけることはほとんどありません。テレビもラジオもないので、普段は音のない生活を送っていることになります。

こう書くと、随分寂しそうに思われるかもしれませんが、毎日の暮らしの中で耳を澄ませば、

料理は五感で楽しみます

音が気持ちよくて
つい挽き過ぎてしまう

至る所にバラエティに富んだ、心地よい音がたくさんあることに気づきます。

包丁がまな板を叩くときのトントントンというリズミカルな音。野菜を切るときのザクッザクッという気持ちのよい音。おかゆが煮立ったときの、クツクツクツというおいしそうな音。

ほかにも、ミルで黒こしょうを挽くときのゴリッゴリッという音や、コーヒーをドリップするときにガラス容器にコーヒーが落ちるポツンという音、包丁をマグネットホルダーにかけるときに鳴るカチッという音など、挙げれば切りがありません。

僕はこうした暮らしの中にある音を、音楽を聴くように楽しんでいます。

階上の住人と仲よくなる

アパートの階上の住人が、しばしば僕の家を訪ねてきます。人の家をカフェか何かだと勘違いしているのか、急に家に来ては、あれが飲みたいこれが食べたいと注文してきます。深夜でもお構いなし。早寝早起きの僕には、深夜に、しかも突然訪ねてこられるのは、正直つらい。でも、彼の訪問は、つい歓迎してしまうのです。

　このやや傍若無人な友人との出会いは、僕がこの家に引っ越してきた日に遡ります。玄関から部屋の中に荷物を運び入れようとしていると、母が誰かと話していました。話を聞くと、上の階に住んでいる同じアパートの住人とのことでした。軽く挨拶をして、作業に戻ろうとしたら、「俺、車持ってるから東京を案内してあげるよ」と言われました。僕は、社交辞令だと思って、その場は受け流し、引っ越し作業に戻りました。

　しかし、それから毎晩のように、仕事帰りに部屋の窓をノックしてきては、「おいしいラーメン店に連れて行くよ」と誘うのです。

　僕は戸惑いました。上の階の住人とはいえ、どんな人かもまだわかりません。ひょっとしたら怪しい人かもしれない。関係を悪くしたくなかったので、できるだけ丁寧に、慎重に言葉を選んで断り続けました。

　それでも、半年にわたり笑顔で誘い続けてくれる彼にさすがに申し訳なさを感じた僕は、ある夜、決心して、一緒にラーメンを食べに行くことに。話してみると、サッカーやオカルトや映画など、共通の趣味があることが判明。話が盛り上がり、すっかり意気投合してしまいました。お店を出るころには、肩を組むような勢いでした。

　その日から、僕たちはお互いの家を行き来するようになりました。

人の家でくつろぎすぎ

今夜は焼肉パーティ。ビールでカンパイ

おみくじを2回引いて、2回とも大凶だった彼

ミスチルを熱唱中

朝ごはんを食べて一緒に映画に行きます

今、彼はこのアパートから徒歩5分のところに引っ越してしまいましたが、相変わらずよく遊びます。彼が家に来たときは、キッチンで話しながら料理を作ります。ピリ辛パスタ、アスパラのこしょう炒め、お好み焼き。彼のリクエストで焼肉をすることもあります。焼肉は、部屋に匂いがつくのであまりしたくはないのですが、彼の頼みには弱いみたいで、頼まれるとついOKしてしまいます。

近所でサッカーをしたり、一緒にカラオケに行ったり、ドライブを楽しんだり。今年の正月にはお参りも一緒に行きました。最近は、僕の家で一緒に朝食を食べてから、彼の車でモーニングショーの映画を観に行くという朝活をしました。

彼が登場する動画は、なぜかとても人気があります。「どうやって知り合ったんですか？」とか「仲の良い友人がいてうらやましい」と言われます。僕も、まさかこんな出会いがあるとは思ってもいませんでした。この家の引きの強さに驚かずにはいられません。

そこそこ社交的な性格ではあると思うのですが、僕はこんなふうに誰とでもつき合えるわけではありません。彼と仲良くなれたのは、一にも二にも、彼の人懐っこい性格と、押しの強さのおかげです。友よ、ありがとう。

包丁研ぎは、只今修業中

手で持っているのがペティナイフ
その右が牛刀

今僕が使っている包丁は、グローバルのペティナイフと藤次郎の牛刀包丁です。野菜や果物の皮をむくときや、薄切りなどの細かい作業をするときはペティナイフ、肉や魚を扱うときは牛刀包丁を使っていますが、正直気分によっても変わるので、

砥石に対して
刃は45度に傾けて

裏を返して
反対側もならします

厳密に使い分けているわけではありません。

藤次郎の牛刀包丁は、7年前に僕が初めて買った包丁です。それまで使っていた包丁とは明らかに切れ味が違い、食感や見た目の仕上がりが格段によくなりました。料理って道具でこんなに味が変わるのかと感激しました。このときの出合いから、将来、自分でもキッチンツールをデザインしてみたいと思うようになったのです。

　グローバルのペティナイフはオールステンレス。丈夫で、刀身と柄が一体となっているので洗いやすいところが気に入っています。

　包丁は、月に1～2回程度、砥石《といし》を使って研ぐようにしています。粒度が荒めの中砥石で整えて、仕上砥石で切れ味を上げるのですが、これがなかなかうまくいきません。包丁の角度が悪いのか、力加減なのか、思い通りに仕上がることがあまりなく、心なしか、研ぐほどに切れ味が落ちるような気もします。

包丁研ぎは大抵、夜寝る前

絶賛苦戦中です

　電動研ぎ器やシャープナーなど便利なものもありますが、それらには手を出さず、砥石でうまく研げるようになることが、今の目標です。

　少しずつ練習して、できなかったことができるようになることも暮らしの楽しみの一つ。砥石を使った包丁砥ぎは、正直まだまだ修業中です。

寝る前3時間は、間接照明で過ごす

白熱球のやわらかい光

人がいるときなどは今もこの照明です

僕は18歳のころまでは、不眠症気味でした。明け方まで寝つけず、起きても疲れが取れないことが多かったです。眠れない夜は、布団の中でスマートフォンをいじってさらに目がさえてしまい、寝不足のまま朝を迎えていました。実家にいたときは弟と同部屋だったので、無意識のうちに気を遣っていたのかもしれません。

　一人暮らしを始めてからは、不眠症は少し改善されましたが、でも、眠りのタイミングを逃すとなかなか寝付けなくなるのは以前と変わりませんでした。

　それが、今のアパートに引っ越してきてからはなぜかすっと眠れるようになったのです。元々この家の照明は暖かい色の電球だったのですが、僕はやわらかい光にしたかったのとアンティークのシェードを使いたかったので、白熱球に付け替えていました。温かみのある優しい明かりにしたことで、スムーズに入眠できるようになったのかもしれません。

　照明と睡眠に関係があると思った僕は、白熱球のワット数を

間接照明でムーディーな雰囲気に

60Wから40Wに落とし、キッチンの照明も白熱球に替え、流し台の上の蛍光灯は使わないことにしました。すると、さらに眠りやすくなったのです。目覚めもよくなり、睡眠の質そのものが向上した感じがしました。

今はさらに進化して、夜はリビングの白熱灯もつけず、仕事机のライトスタンドの明かりを壁に向けて灯《とも》し、間接照明にしています。寝る前の3時間は、この間接照明だけで過ごすようにしています。そのせいか、毎日21時頃になると、自然と眠くなるようになりました。これは人生初の体験です。早起きしているせいもあるかもしれませんが、昔は早起きした日でも、夜はなかなか眠れなかったので、やはり照明を工夫したからだと思います。

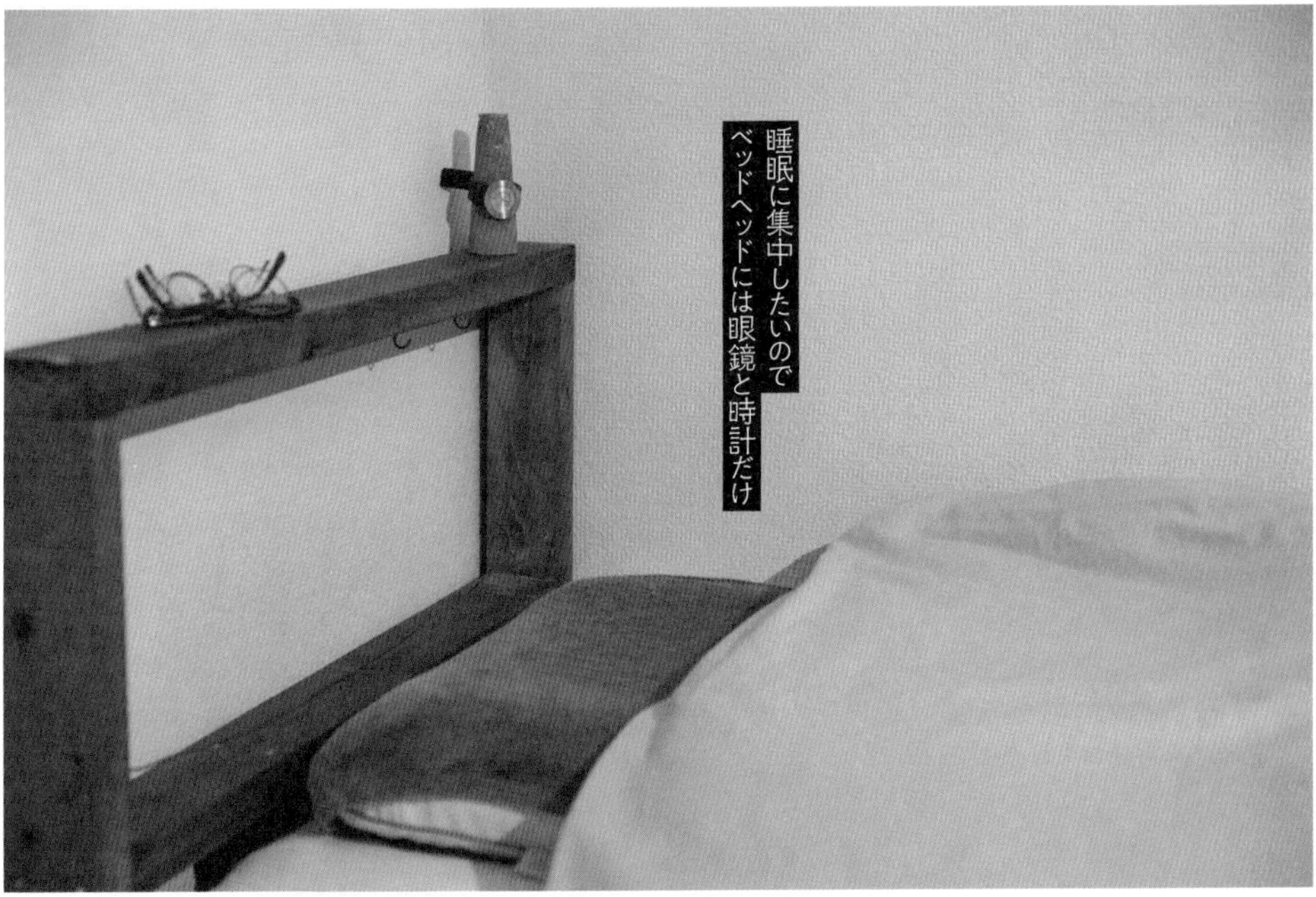
睡眠に集中したいので
ベッドヘッドには眼鏡と時計だけ

10代のころ、僕はどちらかというと短気で怒りっぽい性格でしたが、今振り返ってみると、睡眠不足も関係していたのかなと思います。

なお、ベッドはシンプルな脚付きマットレスを使っています。眼鏡が置けるようにベッドヘッドをDIYで作り、壁とベッドのすき間に置いています。

幅は10㎝程度
自然と置ける物は限られます

台湾でちょっと暮らしてみた

部屋に置いてあったコーヒーは独特な味がした

今は、日本で暮らしていますが、いつか海外で暮らしてみたいなとひそかに思っています。その練習として、去年台湾で5日間、生活をしてみました。Airbnbを通して現地でアパートメントをレンタル。ここで、炊事、洗濯、掃除をしながら過ごしました。

旅の仲間は、半年ほど前に友人の結婚式で出会ったタカス君です。彼が一緒に旅行でもしようと誘ってくれたのですが、実は、彼と会うのは今回の旅で2回目。

普通なら躊躇するところですが、彼とは出会ったその日にいきなり親しくなりました。気さくで優しい人なので何の心配もありませんでした。

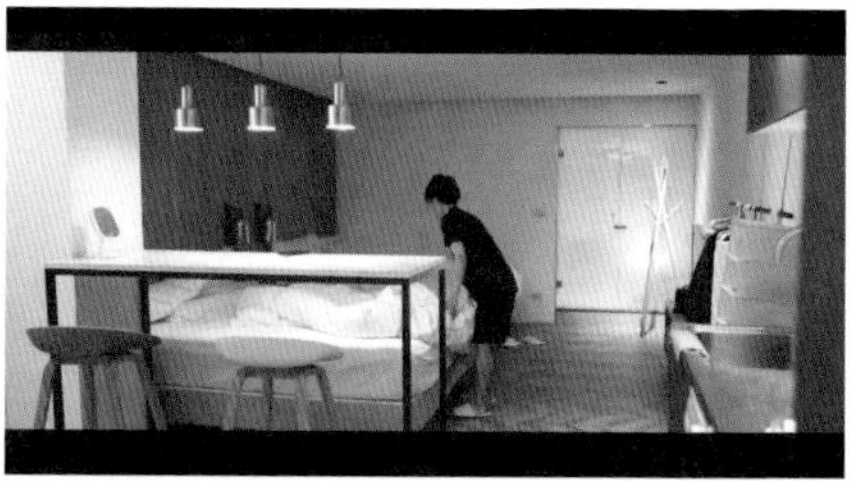
広くて清潔な部屋。インテリアも素敵だった

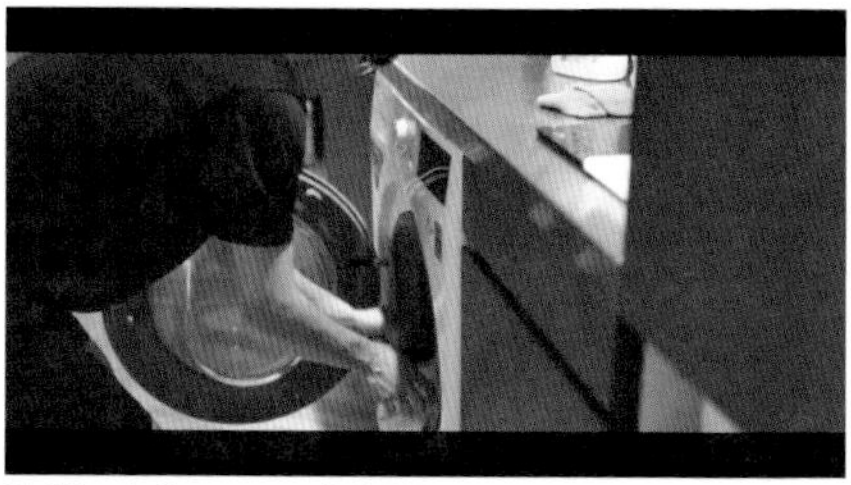
洗濯は室内のドラム式洗濯機で

台湾の都市、台北に着いたのは夜でした。アパートに荷物を降ろし、すぐに近くの市場へ買い出しに。

見たことのない紫色の芋らしきものから、小松菜に似ているような似ていないような青菜など、色とりどりの野菜に胸が踊ります。よさそうな野菜をいく

臭豆腐（チョウドウフ）。味のクセが強烈

士林夜市（シーリンイエシー）で食べた魯肉飯（ルーローファン）。台湾に来たら絶対食べると決めていた

つか購入。台北に来たら絶対行きたいと思っていた大型スーパーマーケットへ移動し、ここでしか売っていない乾麺や珍しい調味料、バゲットや卵などのいつもの食材を購入しました。

僕にとっては最高の遊園地です。一人で来ていたら、きっと何時間も過ごしたことでしょう。

スーパーマーケットという名の遊園地

アトラクションを楽しむように、気になる食材を次々と手に取った

一夜明けた早朝。先に起きた僕が朝食の準備をしました。バゲット、目玉焼き、キャンベルのパンプキン缶をベースにスライスポテトを加えたスープ。初日の朝は台湾風味はお預けです。

いつもの朝食に比べたら簡素なのですが、タカス君は「うまい〜！」と叫んでくれました。

3日目の朝食には豚肉でサンドイッチとスクランブルエッグを作った

暮らしオタクの本領発揮

朝食のあと、台北市を一望できる象山や、超高層ビルの台北101などを巡りました。夕食もアパートで作る予定だったので、観光後はいそいそと帰宅。僕にとって、今回の旅行は台湾への旅行というより、台湾での暮らしが目的です。

夕食は、昨日スーパーで買った沙茶醤《サーチャージャン》という調味料を使って、鶏肉と野菜たっぷりの焼きビーフンを作りました。麺はタカス君のリクエストで固めに。野菜はにんじん以外は市場やスーパーで買ったあまり見慣れないものを適当に炒めました。

あ、でも、空芯菜《クウシンサイ》だけはわかりました。仕上げに沙茶醤を少々。台湾ではポピュラーな調味料で、魚介をベースににんにくやごま、香辛料、オイルなどを混ぜて煮込んだものだそうです。ピリッと辛みがきいた焼きビーフンの完成です。

夕食後はタカス君がお皿を洗ってくれました。僕は拭く担当。友人と一緒ではありませんが、普段日本でしているような暮らしを異国で実践している。それだけで、「暮らしオタク」の僕は楽しくなってしまうのでした。

台北北部に位置する港町、淡水(ダンシュイ)。のんびりした空気が流れていた

2日目の夕飯に作った焼きビーフン。地元の食材で

2人で後片付け。日本でもこれはなかなかしないな

台湾の視聴者との出会い

台湾暮らし4日目。この日も朝から観光に。十分《シーフェン》では願いを書いた気球を飛ばし、猫村として有名な猴硐《ホウトン》で猫と戯れ、美しい街、九份《キュウフン》へ向かいました。

九份に向かう途中の駅で、ある出会いがありました。ユーチューブを観てくれている視聴者の中に、チェンさんという台湾在住の方がいました。僕が台湾へ行くことを知ると、「よかったら自分のタピオカ店に寄ってください」とメッセージをくれました。海外在住の視聴者の方にお会いするのは初めてだったので、僕はとても楽しみでした。

駅に着き、お店を訪ねると、チェンさんが出迎えてくれました。いつもユーチューブを観てくれているお礼を伝え、ユーチューブを知ったきっかけや感想などを聞きました。タピオカをご馳走になり、帰りには土産まで持たせてくれました。さらに、九份へ向かうタクシーの手配まで。目的地に着いたとき、運転手さんから「お代はもういただいています」と言われたときは、どうお返ししたらいいものかと頭を抱えました。

チェンさん、今度は日本に遊びにいらしてください。我が家で精一杯おもてなしいたします。

チェンさんありがとうございます！

九份(キュウフン)。古い館に提灯が灯る幻想的な光景

士林夜市(シーリンイエシー)で食べた小籠包

あとがきにかえて。この1年とこれからのこと

２０１９年の２月にアップしたユーチューブの動画をきっかけに、この1年、信じられないようなことが次々と起こりました。専門学校卒業後、アルバイトを続けるつもりだった僕は、動画のおかげでユーチューバーとして活動することになりました。３月には、動画を観た企業から、動画制作のお仕事をいただきました。７月には、僕の暮らしぶりを紹介するテレビ番組が放映されました。

８月になると、念願だったキッチンツールのデザインの依頼があり、９月には「YouTube NextUp ２０１９」に選ばれて、素敵な仲間たちと出会うことができました。この本のお話をいただいたのもこのころだったと思います。11月には、これまた動画を観た企業から、オリジナルのコーヒー開発のお話がありました。

人生に何度、転機が訪れるのかはわかりませんが、この1年は僕の人生にとって、まさに転機といえる1年でした。

さて、これからはどんなことが起こるのだろう。

仕事の面では、空間デザインや商品パッケージのデザインなどを手掛けてみたいと思っています。昨年、遅ればせながらチームワークの楽しさに目覚めたので、動画クリエイターとして、いつか短編映画も撮ってみたいです。

プライベートでは、自然豊かな土地で、自分が育てた野菜で料理を作ることに憧れていますし、いつか海外でも暮らしてみたい。

それに、この家でやりたいこともまだまだたくさんあります。今はベランダをどう使おうか考えています。コンテナを置いてハーブやトマトやオクラを育てるのもいいですし、観葉植物でいっぱいにしてミニ植物園を作るのもよさそうです。ＤＩＹでウッドデッキを作ってカフェにしてもいいですし、たまにやってくる猫（ちょびと呼んでいます）のために、遊び場を作るのも楽しそう。考えるだけでワクワクします。

最後に改めて。いつも「ＯＫＵＤＡＩＲＡ　ＢＡＳＥ」をご視聴いただきありがとうございます。動画に寄せられる皆さんの感想や励まし、率直なご意見も楽しみにしています。皆さんがいてくれたからこそ、これまでこうして動画を発信し続けることができました。そして、この本で初めて僕のことを知ってくださった皆さん。いかがでしたでしょうか。この本を読んで、暮らしをもっと楽しんでみようと思っていただけたら、著者としてこれに勝る喜びはありません。

これからもユーチューブをはじめ、さまざまな手段を通じて、僕の原点である「暮らしの楽しさ」を皆さんに伝えていきたいと思います。一人でも多くの方とその楽しさを共有できたら嬉しいです。

奥平眞司（おくだいら・まさし）

ユーチューブチャンネル「OKUDAIRA BASE」主宰。愛知県出身。福祉系大学卒業後、桑沢デザイン研究所夜間部にて空間デザインを学ぶ。料理やDIY、物選び、整理整頓、家族や友人を招いてのもてなし、一人キャンプや旅行など、自分の時間をとことん楽しむ方法をユーチューブにて配信。動画制作、キッチンツールのデザインなども行っている。次世代ユーチューバーの育成プログラム「YouTube NextUp 2019」に選出。ユーチューブのチャンネル登録者数は約30万人、総視聴回数は約3600万回。

ユーチューブチャンネル　OKUDAIRA BASE
ユーチューブサブチャンネル　masashi okudaira
ツイッター　@okudaira_0421
インスタグラム　@okudaira.m

デザイン　芝 晶子（文京図案室）
撮影　中垣美沙
動画キャプチャ　奥平眞司
校正　ケイズオフィス
企画・編集・取材　斯波朝子（オフィスCuddle）

25歳《さい》、東京《とうきょう》、一人《ひとり》暮《ぐ》らし。月《つき》15万円《まんえん》で快適《かいてき》に暮《く》らすアイデアとコツ
OKUDAIRA BASE《おくだいらべーす》 自分《じぶん》を楽《たの》しむ衣食住《いしょくじゅう》　NDC597

2020年5月12日　発　行
2021年5月15日　第7刷

著者　奥平眞司《おくだいらまさし》
発行者　小川雄一
発行所　株式会社 誠文堂新光社
〒113-0033 東京都文京区本郷3-3-11
［編集］電話 03-5800-3614
［販売］電話 03-5800-5780
https://www.seibundo-shinkosha.net/

印刷所　株式会社 大熊整美堂
製本所　和光堂 株式会社

ISBN978-4-416-62001-4